Théodore AYNARD

VOYAGES 6719

Au Temps jadis

En France, en Angleterre, en Allemagne, en Suisse, en Italie, en Sicile,

EN POSTE, EN DILIGENCE, ?
EN VOITURIN, EN TRAINEAU, EN ESPERONADE,
A CHEVAL ET EN PATACHE.

De 1787 à 1844.

LYON
IMPRIMERIE MOUGIN-RUSAND
3, Rue Stella, 3

VOYAGES AU TEMPS JADIS

Théodore AYNARD

VOYAGES

Au Temps jadis

En France, en Angleterre, en Allemagne,
en Suisse, en Italie, en Sicile,

EN POSTE, EN DILIGENCE,
EN VOITURIN, EN TRAINEAU, EN ESPERONADE,
A CHEVAL ET EN PATACHE.

De 1787 à 1844.

LYON.
IMPRIMERIE MOUGIN-RUSAND
3, Rue Stella, 3

1888

VOYAGES AU TEMPS JADIS

VOYAGES AU TEMPS JADIS

Et quorum pars parva fui, sed magna parentes.

(Imité de VIRGILE.)

AVANT-PROPOS

Votre mémoire est une lampe que vous
avez promenée pieusement dans les galeries du
passé, où elle rallume celles des salons, qui
ne sont plus, hélas! que celles des tombeaux.

Arthur DE GRAVILLON.

DANS *cette nouvelle réminiscence que j'offre à mes
amis, en prenant pour épigraphe une phrase toute
moderne de l'auteur de* Peau d'âne, *petit-fils et
petit-neveu des Jordan Périer, que j'ai cités dans les* Salons
d'autrefois, *j'ai un double motif :*

*D'abord, celui de témoigner ma reconnaissance à tous ceux
qui ont bien voulu me remercier de mes envois, en choisissant dans
cette nombreuse correspondance un des passages les plus élégants.*

*Ensuite, de montrer, que si quelquefois je cite les anciens et
toujours j'aime à me souvenir du passé, ce n'est pas le moins du*

monde pour le mettre au-dessus du présent, dont j'apprécie, plus que d'autres peut-être, tous les avantages et tous les mérites.

Il est bien entendu que, dans ce moment, je ne fais pas de politique, et que je ne pense ni au pouvoir législatif, ni à l'exécutif, ni à leurs familles.

Dans les lettres trop aimables qui m'ont été adressées, on m'a fait cependant un reproche, celui d'avoir été trop court.

Les uns m'ont dit que j'aurais dû parler de salons que je n'ai pas fréquentés et de belles dames que je n'ai pas connues. — D'autres ont trouvé que je ne donnais pas assez de détails sur les personnes et les salons que j'ai cités.

Aux premiers je réponds, que j'ai pour principe d'être véridique ; je ne pouvais donc raconter que des choses vues et entendues.

Aux seconds je réponds, que j'ai aussi pour principe d'être discret ; lorsque j'écris sur le temps passé, c'est plus encore pour mon plaisir que pour celui des autres ; car si je revois les tableaux complets d'un autre âge, tout en restant dans le vrai, ma plume ne peut en retracer qu'une partie.

Cela me rappelle une dame qui disait, qu'il ne lui serait pas difficile d'avoir de l'esprit, si comme sa voisine, elle voulait dire tout ce qui lui passait par la tête.

Moi aussi, peut-être, j'aurais pu me rendre plus intéressant et plus amusant, si j'avais raconté tout ce qui passait dans la mienne ; mais je n'ai pas eu la prétention de faire douze volumes, comme les Mémoires du duc de Saint-Simon.

En racontant quelques voyages de nos pères et du temps de ma jeunesse, en outre du plaisir que j'éprouve à revivre avec ceux qui ne sont plus, et bien souvent à lire entre les lignes, comme je viens de le dire, mon but principal est d'apprendre à ceux qui l'ignorent, et ils sont nombreux, la différence énorme qui existe pour les voyages, entre jadis et aujourd'hui ; et quelle contrariété ils éprouveraient, s'ils étaient obligés de revenir aux moyens de transport d'il y a un siècle, et même d'un demi-siècle.

C'est encore ma mémoire, en grande partie, que j'invoque ; mais cette fois ce n'est plus une lampe de salon, car elle va me conduire sur les grandes routes, que toute ma vie j'ai beaucoup pratiquées et sur lesquelles je vous invite à me suivre, ami lecteur, s'il ne vous déplaît pas de courir le monde avec moi, assis sur un bon fauteuil et les pieds sur les chenets en cas de froidure, ou bien à l'ombre, sur le banc de votre jardin, si le soleil luit.

Ceci bien posé, que c'est de votre plein gré que je vous emmène, partons !

VOYAGES AU TEMPS JADIS

CHAPITRE PREMIER

Où l'on voit le roi Louis XI, la poste et les postillons.

Dans un de mes derniers voyages de Genève, une jeune dame assez jolie, autant qu'il m'en souvient, occupait avec moi le même compartiment d'un train express; le hasard seul avait fait notre rencontre, comme celle de la petite Sonia avec Tartarin sur les Alpes.

Il me fut facile de reconnaître que ce n'était pas le moins du monde une nihiliste russe, mais tout spirituellement une parisienne pur sang, dont la société ne m'exposait pas à faire connaissance avec les gendarmes, comme cela m'était une autre fois arrivé; j'aurai peut-être l'occasion de vous le dire.

En traversant le tunnel du Credo, elle s'étonnait que partie de Genève à onze heures du matin, elle ne pouvait arriver à Paris... le même jour, qu'à onze heures du soir.

Elle n'avait aucune idée de l'état de chose antérieur aux chemins de fer; elle les avait trouvés en venant au monde, elle les supposait aussi vieux que lui. Je l'aurais étonnée, je crois, en lui disant que ce n'était pas dans un wagon de première qu'Adam et Ève avaient déménagé de l'Éden.

Plus je pense à cette rencontre, plus je pense aussi que notre génération disparue, bien des gens seront comme ma parisienne, et ne pourront se faire aucune idée des voyages au temps jadis.

Il y a donc un certain intérêt à revenir sur ce passé, dont quelques-uns encore se souviennent et pourront me contrôler, et qui pour tous sera bientôt lettre close.

Mon titre a déjà besoin d'explication : qui sait aujourd'hui ce qu'était un voyage en poste ?

Pour vous, jeune lecteur, la poste se résume dans l'uniforme, assez laid et souvent crotté, d'un facteur apportant lettres et journaux, et qui jamais, au premier de l'an, n'oublie de réclamer ses étrennes; qu'entre nous soit dit, il mérite généralement mieux que beaucoup d'autres; puis encore, dans une vilaine petite boîte, chez le marchand de tabac, où vous déposez vous-même votre correspondance, quand vous voulez être sûr qu'elle ne sera pas oubliée dans la poche d'un commissionnaire; comme le faisait toujours le comte J..., ministre des travaux publics sous Louis-Philippe, tant sa confiance dans son personnel était grande. On est bien loin d'être assuré, cependant, qu'elle arrive à sa destination, car on peut la dérober en route; je le sais par une expérience ennuyeuse et récente, que je tâcherai d'oublier avant le 1er janvier, en pensant que c'est mon voleur qui a été volé.

Enfin, vous connaissez peut-être aussi le bureau de la poste restante, si vous n'en connaissez pas les mystères, et le guichet, où vous êtes obligé de faire queue pour payer vos dettes lointaines et transmettre aussi quelquefois vos cadeaux à distance, comme je l'espère pour vous, et surtout pour les destinataires.

Mais qu'il y a loin de cette poste, qui n'est plus qu'un service de distribution, à la poste ancienne, qui faisait elle-même le transport des lettres et des personnes.

La poste dont je vais parler datait de l'édit de Doullens, en 1464. Elle a disparu au milieu de notre siècle ; elle a donc vécu quatre cents ans. Combien voyons-nous de choses qui ne durent pas si longtemps ? Sans compter celles qui n'ont que dix-huit ans et qui durent déjà beaucoup trop pour l'intérêt de la chose publique et de bien des choses particulières.

Au dire de ses contemporains, le roi Louis XI était fort curieux de nouvelles et voulait, en outre, transmettre rapidement ses ordres dans tout le royaume.

Le premier, il fit établir dans les principales directions, des relais de chevaux de selle ; en 1483, l'Angleterre suivit son exemple.

Le chef de chaque dépôt où les chevaux étaient postés, c'est de là que vient le nom, s'appelait d'abord maître coureur ; ce n'est que plus tard qu'il prit le nom de maître du poste, et enfin, celui de *maître de poste*.

Ce n'était pas alors une institution précisément démocratique, car il était formellement défendu de monter sur ces chevaux *sans mandement du Roi, sous peine de la vie*.

Ce grand roi n'y allait pas de main morte. Comme M. Thiers, interrompu par les clameurs de l'extrême gauche, disait à la Chambre : « J'ai l'habitude d'appeler Monsei-« gneur les princes dont les familles ont régné sur la « France. » De même, j'ai l'habitude d'appeler grands les rois qui l'ont agrandie.

Le règne de Louis XI nous a donné le Maine, l'Anjou, la Bourgogne et la Provence !

Ce grand prince donc, n'y allait pas de main morte ; aussi les mauvaises langues de son temps, et même du nôtre, lui reprochent, à tort ou à raison (*adhuc sub judice lis est*), d'avoir fait pendre haut et court, sans autre forme de procès, ceux qu'il soupçonnait de tramer complots contre l'État et contre lui surtout.

Ce fait paraît certain, cependant, non seulement par les peintures un peu chargées de Walter Scott, dans Quantin Durward (à qui dirait-on la vérité si ce n'est à ses amis !) mais par l'ensemble des traditions historiques qui prouvent qu'il gouvernait plus par la crainte que par tout autre moyen ; que, fils sans cœur, il fut aussi roi sans pitié, et que s'il abaissait les grands, il ne ménageait pas les petits ; car il accablait, dit-on, le peuple d'impôts, beaucoup moins qu'aujourd'hui cependant.

Bien des gens sont portés, non pas à l'absoudre, mais à lui pardonner un peu, à cause de son amour pour le princi-pe d'autorité, dont le besoin se fait plus que jamais sentir ; il est bien entendu que je parle de celle qui mérite ce nom.

Si l'on n'avait pas alors la liberté de la tribune et de la presse, il paraît que les moines ne se gênaient guère pour dire dans leurs sermons ce qu'ils pensaient de sa justice sommaire, de son prévôt Tristan et de ses exécuteurs, qui supprimaient la prison préventive autrement que voulait le faire Napoléon III, quand il envoyait en Angleterre M. Valentin-Smith, pour étudier cette question.

Le roi ayant appris que le cordelier Maillard s'était permis de l'attaquer indirectement en chaire, il l'envoya prévenir que s'il recommençait, il le ferait jeter à la rivière.

Sans s'intimider, le disciple de Saint-François répondit à l'envoyé : « Va dire à ton maître que je ne crains rien ; « malgré la protection de Notre-Dame d'Embrun, dont il « porte la médaille à son bonnet, je suis plus sûr d'arriver « au paradis par la voie d'eau, que lui avec tous ses che-« vaux de poste. »
Louis XI se le tint pour dit, eut le bon esprit d'en rire, et laissa les moines tranquilles.

De notre temps, on s'empresserait de laïciser le couvent, après un siège en règle en cas de résistance ; puis quelque agence interlope de Limoges et de Tours proposerait aux Cordeliers de changer leur corde contre le cordon de la Légion d'honneur, moyennant finances bien entendu.

C'est deux cents ans plus tard, sous Louis XIV, en 1664, que le marquis de Crénan, chargé de ce service, fit construire les premières chaises roulantes dans lesquelles il fut défendu, par arrêt de 1680, *de courre la poste à deux personnes dans la même chaise.*

L'invention se perfectionna plus tard. A la fin du siècle

dernier la chaise de poste à deux roues pouvait contenir deux personnes et même trois. Le public fut autorisé à faire traîner ses voitures par les chevaux du roi.

En même temps, les lettres n'étaient plus transportées dans la sacoche ou le porte-manteau d'un courrier à cheval; on les mettait dans une malle chargée sur les voitures du gouvernement, qui partaient régulièrement et à heure fixe dans les principales directions.

C'est de là qu'est venu le nom de *Malle de poste* donné à l'ensemble du système qui sert au transport de la correspondance.

S'il n'y a plus aujourd'hui de malles de poste proprement dites, on appelle encore malle des Indes, le train rapide qui porte les dépêches d'Angleterre aux Indes, ainsi que les navires à vapeur qui se trouvent sur leur parcours.

La première malle de poste que j'ai vue, consistait en un briska, voiture à quatre roues, d'origine russe, ne contenant que deux places : une pour le courrier, responsable des dépêches et l'autre pour un voyageur payant sa place.

Plus tard, de 1825 à 1850, sur les principales directions, le briska fut remplacé par un grand et confortable coupé à trois places; un quatrième voyageur pouvait encore se placer dans le cabriolet de devant avec le courrier; ce qui l'obligeait à l'aider dans la distribution sur la route des paquets de correspondance, et à supporter pendant tout le voyage l'odeur de la marée dont ces agents faisaient un petit commerce à leur profit, toléré dans l'intérêt de quelques gourmets de province; car les turbots, les solès et les homards n'avaient aucun autre moyen rapide d'arriver sur les tables de l'intérieur de la France.

Le service des malles étant régulier et obligatoire, les chevaux étaient toujours prêts et choisis; elles allaient donc plus vite que les chaises particulières.

Dans toutes les plus petites villes, et souvent dans des hameaux situés sur les routes impériales, royales ou nationales suivant le temps, il y avait des maîtres de poste; ils n'étaient pas fonctionnaires publics, mais souvent ils étaient subventionnés par l'État et jouissaient de certains privilèges; en compensation, ils étaient obligés d'entretenir un certain nombre de chevaux déterminé par l'importance de la circulation et au moins une voiture légère, qui devaient toujours être à la disposition du public, d'un relai à l'autre dans les deux sens.

Quand arrivés au relai, les chevaux n'avaient pas la chance de trouver une voiture de retour, ils revenaient haut le pied à leur résidence.

Lorsque deux chaises marchant en sens inverse se rencontraient vers le milieu d'un relai, on faisait un échange de chevaux et de postillons.

Le tarif de la poste était fixé par cheval et par postillon pour la distance d'une poste, qui correspondait à deux lieues soit 8 kilomètres. Les relais étaient espacés de 16 à 20 kilomètres, soit deux postes à deux postes et demie.

Tous ceux qui voyageaient de cette manière avaient chez eux le livre de poste, comme nous avons le livret Chaix. Le livre de poste était bien moins répandu; car de tous les livres de notre littérature moderne et même de l'ancienne, le livret Chaix est certainement celui qui, chaque année, a le plus fort tirage; beaucoup de gens ne lisent pas d'autre livre que celui-là!

Dans le livre de poste, on trouvait toutes les routes de France, avec l'indication des relais et des prix, dans les circonstances diverses qui pouvaient se présenter. Il en était de même dans tous les pays d'Europe, où le service de la poste aux chevaux était établi.

Une chaise de poste était une espèce de cabriolet à deux grandes roues, avec de forts brancards, dont la caisse était très bien suspendue et qui demandait deux chevaux.

Le cheval placé entre les brancards ou limons, se nommait le limonier, l'autre sur lequel montait le postillon, se plaçait à gauche et se nommait le porteur; on l'attelait avec un palonnier. Tous les harnais étaient à bricole.

Le cheval de droite portait aussi le nom de sous-verge, parce qu'il se trouvait sous le fouet (ou verge), placé dans la main droite du postillon.

Il y a encore de vieux cochers, qui distinguent les deux chevaux d'une voiture à timon, par les noms de porteur et sous-verge.

Les anciennes traditions ont quelquefois la vie si dure, qu'après plusieurs siècles il y a des mariniers qui distinguent encore les rives du Rhône et de la Saône, par ces dénominations : côté de l'Empire, rive gauche ; côté du Royaume, rive droite. Autre exemple :

A Rome, le 1er janvier 1888, les Italiens qui se pressaient pour assister dans l'église de Saint-Pierre, à la messe jubilaire du pape Léon XIII, pour exprimer leur impatience, criaient encore : *per Bacco !* (par Bacchus.)

Les voitures à quatre roues exigeaient un plus grand nombre de chevaux ; quatre chevaux obligeaient à deux postillons.

Le nombre de personnes dans une voiture, au-dessus de deux, influait sur le nombre de chevaux obligatoires.

Le prix était 1 fr. 50 par poste et par cheval, et 75 centimes par postillon. On pouvait quelquefois éviter les chevaux supplémentaires en les payant 1 franc par poste, bien qu'on ne les mît pas.

C'est ce qui faisait dire à Balzac, dans un de ses romans, à propos d'une certaine dame : « Son mari était un personnage tout à fait fantastique ; il ressemblait au troisième cheval qu'on paie toujours quand on court la poste et qu'on ne voit jamais. » De nos jours c'est encore de même, il en est plus d'un et plus d'une que je pourrais citer : et vous ?

On appelait poste royale, une poste qui se payait double, à l'entrée et à la sortie de quelques grandes villes, et de celles où résidait la Cour.

Quand on voulait être bien mené, il suffisait de dire aux postillons ces mots magiques : *En avant et doubles guides.* Cela voulait dire que si l'on était content, on payerait 1 fr. 50 au lieu de 75 centimes par poste et par postillon ; alors les chevaux ne quittaient pas le galop de tout le relai.

Lorsqu'on était pressé, et qu'on ne regardait pas à la dépense pour voyager en prince, on envoyait un courrier en avant. Un postillon à cheval partait à franc-étrier, arrivait au premier relai avant vous, et faisait préparer le nombre de chevaux dont vous aviez besoin ; cela se répétait à chaque changement de chevaux. De cette manière on ne perdait point de temps aux relais.

Il parait que dans tout pays la poste était chère, il y a un proverbe italien qui dit : *La posta e spesa di principe ed un mestière di facchino.* La poste dépense de prince est métier d'homme de peine.

On peut se rendre compte de ce que coûtait un voyage de Lyon à Paris et réciproquement, pour une ou deux personnes.

Quand on avait sa chaise, la traction seule s'élevait à 400 francs environ, plus ou moins, suivant l'état des chemins et la saison.

Si l'on n'avait pas de chaise il fallait en louer une, ce qui coûtait une centaine de francs en moyenne, ce prix était variable suivant les circonstances. C'était donc une dépense d'environ 500 francs, sans compter les frais des hôtels qui l'augmentaient beaucoup, si l'on ne marchait pas jour et nuit.

Ce chiffre peut être considéré comme exact. Au moment de la première invasion du choléra à Paris en 1832, qui débuta d'une manière foudroyante, emportant Casimir Périer, alors président du conseil des ministres, mes parents furent très inquiets, et se décidèrent à venir me chercher. On était si terrifié qu'ils arrivèrent seuls à Paris dans une grande diligence à vingt places; celles qu'ils rencontraient en sens inverse étaient au contraire toutes pleines de fuyards.

M'ayant trouvé bien portant et pas effrayé du tout, ils durent repartir tout de suite, par l'ordre des médecins; mais toutes les voitures publiques, malles et diligences étant encombrées, ils ne purent partir qu'en poste, en louant une calèche à Paris.

Ils me laissèrent 500 francs pour prendre aussi la poste et revenir à Lyon au galop, si le choléra arrivait à l'Ecole polytechnique.

Quoique fortement menacée au milieu du quartier Mouffetard, où les habitants étaient décimés, grâce à Dieu l'Ecole fut préservée, fort heureusement pour moi, pour mes 500 francs et pour beaucoup d'autres.

Le prix du voyage par la malle était beaucoup moins cher, 92 francs par personne ; mais il était fort difficile d'avoir des places sans les retenir longtemps d'avance.

Pour ceux qui n'en avaient pas l'habitude, le règlement avec les postillons était ennuyeux et souvent compliqué. Mon père, fort expert dans cette manière de voyager, m'y avait initié de bonne heure.

Nous allions souvent à Sury, près de Montbrison ; pour faire la course en une journée, il n'y avait que la poste. Longtemps avant que j'eusse barbe au menton, on m'avait confié ce service, qui n'était pas toujours commode.

Un jour nous partîmes de Lyon dans une petite calèche avec un seul cheval, le nôtre ; à la poste de Brignais, naturellement, on en mit deux ; à Rive-de-Gier on en mit encore deux, mais on en fit payer trois ; à Saint-Chamond on voulait en mettre trois et nous en faire payer quatre.

Exaspéré de cette progression croissante, je fis mettre les quatre chevaux et deux postillons. C'est ainsi que nous fîmes une entrée triomphante à Saint-Etienne, sur la place Chavannel, dans la cour de la manufacture d'armes, qu'habitait mon oncle.

Les officiers d'artillerie se mettaient aux fenêtres, croyant à une inspection imprévue du ministre de la guerre ; ce n'était qu'un écolier en vacances qui avait voulu faire claquer son fouet tout comme un autre.

Lorsque mon grand-père conduisait sa famille à Sury, avec sa voiture et ses chevaux, il couchait toujours en route.

Les chemins étaient si mauvais avant 1820, qu'il était tout à fait extraordinaire si, pendant le trajet, on ne versait qu'une fois.

Fâcheuses conséquences des guerres de Napoléon Ier, qui avait supprimé l'entretien des routes pour mieux assurer l'entretien de ses armées.

C'était une belle institution, la poste aux chevaux, surtout dans le moment de sa grande activité. Rien n'était plus vivant, et ne donnait plus envie de voyager, que de voir une grande berline avec siège devant et derrière, attelée de quatre beaux chevaux conduits par des postillons alertes, en habits bleus, bordés de rouge et galonnés, avec leurs grosses bottes, assez dures pour les préserver du contact des brancards et des timons.

De loin on entendait le claquement des fouets se mêlant au bruit joyeux des grelots, pour faire écarter les autres voitures ; car c'était un privilège de la poste royale. On devait lui laisser le haut du pavé, ou le milieu de la chaussée.

C'était ordinairement de cette manière que faisaient leurs voyages de noces les jeunes mariés de bonne maison.

Mais quelques-uns partant à la nuit tombante, n'allaient que jusqu'au premier relai, revenaient en ville à la nuit close, et rentraient discrètement à pied dans leur maison, où personne ne venait les voir pendant quinze jours.

Sur les lettres d'invitation au mariage, on imprimait régulièrement en post-scriptum : *On part pour la campagne.* cela voulait dire : nous n'avons pas besoin de vous, ce n'est donc pas la peine de vous déranger. Ce n'était point un mensonge ; on partait bien, en effet, pour *le pays de Tendre*; car alors, si l'on ne lisait déjà plus l'*Astrée* d'Honoré d'Urfé et les romans de Mlle de Scudéri, on en conservait encore les traditions.

Comme beaucoup de choses de ce monde, hélas! le postillon a disparu ; ce n'est plus sur son cheval, mais seulement sur la scène, qu'on pourra voir encore le Postillon de Lonjumeau, quand l'Opéra-Comique sera reconstruit, car lui aussi vient de disparaître dans un affreux désastre, sans emporter cependant nos anciens souvenirs.

Les maîtres de poste ont fait comme le postillon ; j'ai connu les deux derniers de Paris et de Lyon, MM. Dailly et Mottard ; tous deux aimaient tant leurs chevaux qu'ils n'ont pas voulu s'en séparer.

C'est une affection que je comprends ; car, si quelquefois ces rudes serviteurs ont des caprices, et qui n'en a pas ! souvent ils montrent leur reconnaissance, en léchant la main qui les nourrit ; et surtout jamais ils ne disent du mal de vous. Il y a cependant des savants qui ne connaissent ces nobles bêtes que sous le nom de *moteurs animés.*

Avez-vous jamais, lecteur, conduit à grandes guides un quadrige de superbes normands ou de vigoureux Percherons ?

Je pourrais, je crois, parier cent contre un, que cela ne vous est jamais arrivé.

Avez-vous jamais dirigé une véritable locomotive ?

Il y a encore moins de chances pour que vous me donniez une réponse affirmative.

Eh bien ! par extraordinaire et volontairement, je me suis trouvé dans des circonstances qui m'ont permis de me livrer à ces deux exercices.

De 1841 à 1845, avant l'ouverture du chemin de fer du Nord, pour le service de la navigation, j'allais plusieurs fois la semaine à Pontoise, par la berline qui, en partant de Paris, traversait les Champs-Elysées.

Du conducteur je m'étais fait un ami, pour que cette liaison me mît en rapport direct avec ses magnifiques gris-pommelés.

J'avais obtenu la faveur de me placer à côté de lui sur son siège, et tout naturellement ses guides passaient souvent de ses mains dans les miennes ; car les hommes de travail perdent rarement une bonne occasion qui se présente de se reposer.

Quelques années plus tard, en 1848, allant tous les jours de Paris à Versailles, pour le chemin de fer de Rennes, je montais très souvent sur la locomotive à côté du mécanicien, alors sans aucun abri, afin de m'initier aux détails pratiques de son métier (car dans cette année d'effervescence générale, les ingénieurs furent obligés plusieurs fois d'assurer *eux-mêmes* le service). Souvent ma main novice maniait sous ses yeux le régulateur, et la machine docile m'obéissait comme à son véritable maître.

Vous me croirez sans peine si je vous dis que j'avais infiniment plus de plaisir et d'émotions à contenir, exciter, entendre hennir et voir piaffer les coursiers de mon *Four in hand*, qu'à entendre souffler, siffler et grincer sous ma main la locomotive de Versailles R. G.

Pour conserver ce qu'ils appelaient leur cavalerie, en échange de leurs brevets aristocratiques de Maîtres de Poste, MM. Dailly et Mottard, ont obtenu à Paris et à Lyon des concessions d'omnibus qui sont remplacés déjà par les tramways plus démocratiques encore.

Sic transit gloria mundi, qu'on peut traduire ainsi en s'inspirant de Lamartine :

> Ainsi tout change, ainsi tout passe,
> Ainsi nous-mêmes nous passons
> Sur le railway qui prend la place
> De la poste et des postillons.

Tout ce que je viens de dire pourrait s'intituler : Exposé théorique de la poste aux chevaux ; la pratique souvent n'était pas aussi brillante.

Le mauvais état général des routes, surtout en hiver, leurs lacunes nombreuses et le manque de ponts sur le plus grand nombre des rivières, rendaient les voyages très difficiles.

Pour vous donner une idée vraie sur ce point des mœurs et usages du vieux temps, je me propose de faire passer sous vos yeux, si mon livre y est encore, quelques épisodes de mes voyages et de ceux de ma famille, que j'ai retrouvés, partie dans mes souvenirs, partie dans des manuscrits authentiques que j'ai eu la chance heureuse de rencontrer.

Cela fera l'objet des chapitres suivants.

———————

CHAPITRE II

Qui contient des extraits authentiques du Journal de
voyage en Italie et Sicile d'Antoine-Henri Jordan,
fils et petit-fils d'échevin, en 1787 et 1788,
et quelques autres choses.

Au commencement du XVIIIe siècle vivait à Lyon Henri Jordan, fils d'Abraham et petit-fils de Lantelme dont le testament est de 1611 ; ce Jordan, premier du nom de Henri, était marié à Jeanne de Gérando.

Son fils, Henri Jordan l'aîné, qui fut échevin en 1779 et 1780, avait épousé Magdeleine Briasson, fille de Charles-Claude Briasson, échevin lui-même en 1757 et 1758.

M. Briasson était fabricant d'étoffes de soie ; c'est une tradition de famille qu'il avait mis quelques années pour faire sa fortune, toujours avec les deux mêmes dessins : ses robes à l'éclipse et ses robes à la comète avaient brillé d'un vif éclat sur les paniers des grandes dames, dans les salons de Versailles.

Que les temps sont changés ! combien aujourd'hui faut-il d'années, et combien de dessins par année, à un fabricant pour faire sa fortune, quand il y arrive ?

Une autre fille de M. Briasson avait été mariée au père du baron Rambaud, qui fut maire de Lyon de 1818 à 1826.

Henri Jordan, l'échevin, n'eut qu'un fils, Antoine-Henri, et trois filles, Mmes Vionnet, Coste et Bergasse.

Pierre Jordan, frère de l'échevin, marié à Elisabeth Périer de Grenoble (tante du célèbre Casimir), eut cinq fils qui furent des hommes distingués, ainsi que leurs descendants :

Alexandre Jordan, receveur des finances, père d'Alexandre Jordan, ingénieur en chef des ponts et chaussées, grand-père de Camille Jordan, ingénieur des mines, membre de l'Institut, et de Mme Giraud-Jordan, fille de Camille Jordan, magistrat ;

Camille Jordan, célèbre député aux Cinq Cents en 1795, puis à la Chambre sous la Restauration, père d'Auguste Jordan, ingénieur en chef des ponts et chaussées, grand-père d'Arthur de Gravillon et de Mme Boubée-Jordan ;

Augustin Jordan, secrétaire d'ambassade, grand-père d'Omer Despatys, ancien magistrat, membre du Conseil municipal de Paris ;

Noël Jordan qui fut longtemps le vénérable curé de Saint-Bonaventure à Lyon ;

César Jordan, père d'Alexis Jordan, le savant botaniste.

A la fin du siècle dernier, Henri Jordan l'aîné était banquier et marchand de soie à Lyon dans la rue Lafont et plus tard dans sa maison à l'angle de la rue Puits-Gaillot et du port Saint-Clair.

En l'année 1787 il avait dans son commerce comme associé son fils unique, Antoine-Henri, troisième du nom et Barthélemy-Gabriel Magneval, fort jeune alors, qui depuis est devenu député du Rhône de 1815 à 1822.

A cette époque la Chine et le Japon n'étaient pas encore inventés comme pays de production des fils de soie ; nous n'en tirions que des porcelaines et des foulards.

La fabrique lyonnaise faisait venir toutes ses soies du Dauphiné, du midi de la France, de l'Italie et de la Sicile.

La maison Jordan avait fait d'assez fortes avances à une maison Cajoli, de Turin, qui venait de suspendre ses paye-ments ; il y avait intérêt à suivre de près cette affaire. La traiter par correspondance n'était pas chose très facile ; les lettres pour une grande partie de l'Italie ne partaient qu'une fois par semaine et réciproquement. Quant au télégraphe électrique, Ampère était bien né, mais il n'avait pas encore mérité une statue avec des sirènes à ses pieds, qui semblent à Lyon, je ne sais pas pourquoi, l'accessoire obligé de nos grands hommes.

On décida qu'Antoine-Henri Jordan fils irait à Turin pour recouvrer le plus qu'il pourrait de la créance Cajoli ; qu'il profiterait de ce voyage pour voir tous les corres-pondants de la maison, en visitant l'Italie pour en augmen-ter le nombre et compléter son éducation.

Il y a quelques années, ayant hérité de la bibliothèque d'une de mes tantes, j'ai trouvé, sur un des derniers rayons, un manuscrit séculaire assez bien conservé. Comme il était hérissé de renseignements commerciaux d'un autre âge, je n'y avais pas fait d'abord très grande attention. Plus tard, ayant quelques loisirs je me suis appliqué à la lecture de ce volume, qui m'a vivement intéressé, les renseignements qu'il me donnait rentrant tout à fait dans le cadre que je m'étais tracé, c'est-à-dire la comparaison des voyages de jadis et de ceux d'aujourd'hui.

Ce voyage de mon grand-père était pour lui un voyage d'agrément autant qu'un voyage d'affaires ; l'emploi de son temps est résumé dans des notes écrites jour par jour, depuis son départ, le 11 août 1787, jusqu'à son retour à Marseille, le 22 juillet 1788, et quelques jours après à Lyon ; cela fait une année complète.

Elles forment deux parties distinctes : l'une contient ses impressions de touriste et les faits matériels du voyage ; l'autre s'applique aux affaires de la soie, et longuement aux questions de change et de monnaie, alors très importantes à cause de leur diversité, chaque principauté d'Italie ayant la sienne propre.

Je ne m'occuperai que de la première partie de ces notes, par la bonne raison que je ne comprends rien à la seconde, dont presque tous les termes, écrits en abréviations, sont pour moi des hiéroglyphes pour lesquels il me faudrait un nouveau Champollion.

Même dans la première partie, je passerai beaucoup de descriptions de monuments que tout le monde connaît. Je dis tout le monde, comme les journalistes disent *Tout-Paris*, quand ils le font tenir dans une salle de spectacle, ou la chambre des députés.

Je me bornerai donc aux citations qui font connaître le voyage proprement dit, et les mœurs de l'époque dans les pays parcourus.

Bien qu'elles soient du siècle dernier, je peux les appeler des notes télégraphiques et photographiques ; à cause de leur concision et de leur précision véridique, deux qualités qui ont caractérisé mon grand-père pendant toute sa vie.

Antoine-Henri Jordan, fils et petit-fils d'échevin était fort jeune alors, il n'avait que vingt-quatre ans ; sa famille était dans une bonne position de fortune et d'honorabilité, l'avenir lui souriait ; il n'était pas encore marié ; il partait l'esprit content, libre de toute préoccupation.

On était à deux années de la convocation des Etats généraux ; rien ne pouvait faire prévoir les tristes événements qui devaient les suivre.

Dans ce temps-là, il n'y avait aucune voiture publique allant de Lyon en Italie ; il partait donc en poste dans la chaise de son père, accompagné d'un fidèle domestique (Laforest), convenablement muni de lettres de recommandation et de crédit.

Notes de voyage d'Antoine-Henri Jordan en Italie et en Sicile.

J'ouvre le cahier de notes et je copie :

10 août 1787. — Parti de Lyon, à six heures du soir, je suis arrivé le lendemain au Pont-de-Beauvoisin à six heures du matin. Beau temps, sans retard extraordinaire. (Il avait mis douze heures, il faut aujourd'hui deux heures par le train omnibus.)

11 août 1787. — Passé au Pont, sans être visité à la douane sarde, si ce n'est pour la forme ; malle détachée et rattachée sans autre cérémonie.

Entré dans les Etats de Savoie, passage à la montée de la Chaille dont la vue est magnifique ; arrivé à la montée de la Grotte, ouverte en 1670 par Charles-Emmanuel II, suivant l'inscription qu'on peut lire ; une des beautés de la Savoie.

Entre Saint-Jean-de-Cou et Chambéry, cascade de 200 toises de hauteur. Vu Chambéry... J'ai été obligé d'y rester deux heures pour faire remettre des clous à la chaise. Route continuée sans accident jusqu'à Lanslebourg.

(Arrivé là, le voyage se compliquait ; non seulement le tunnel du mont Cenis n'existait pas, mais la route à voiture pour traverser les Alpes n'était pas construite ; on ne pouvait donc franchir la montagne qu'à pied ou à cheval. La route n'a été faite que sous Napoléon Ier.

Il fallait démonter la voiture et faire transporter à dos d'homme séparément la caisse, les roues et les brancards.)

12 août — Il faut faire marché avec les muletiers pour le transport des bagages, avec les porteurs pour sa chaise, avec le maître de poste pour les chevaux de selle, avec l'aubergiste ; cela n'en finit pas.

Après dîner, c'est-à-dire à deux heures, je suis monté à cheval, arrivé sain et sauf à Novalèse, n'ayant pas souffert de la chaleur sur la montagne, grâce au brouillard qui cachait le soleil.

Couché à Novalèse, après avoir reçu les équipages en bon état, fait remonter la voiture, dont le trajet a été fort heureux et tout préparé pour le départ du lendemain qui s'est fait à deux heures du matin.

13 août. — Arrivé à Turin, à dix heures et demie du matin. Je n'ai pas été visité là, plus qu'ailleurs. Logé à l'hôtel d'Angleterre.

(Parti de Lyon, le 10 août à six heures du soir, il était arrivé le 13 à dix heures et demie du matin, il avait donc mis cinquante-deux heures pour un trajet qu'on peut faire aujourd'hui en neuf heures.

Il n'est reparti de Turin que le 8 octobre, il y est resté près de deux mois.

Ses notes contiennent, jour par jour, un résumé de toute sa correspondance au sujet de l'affaire Cajoli, des renseignements sur les nombreux correspondants de la maison, le prix des soies, la valeur du change, etc., en outre, il résume l'emploi de son temps en dehors des affaires.)

14 août. — Je suis allé voir M. de Bianchi, qui m'a engagé à venir loger dans son appartement; me voici transporté armes et bagages dans le canton de Saint-Frédéric, près de la rue Neuve maison Vigna.

Description de la ville de Turin.....

17 août. — Partie de campagne chez M. Ferraris.:...

19 août. — Autre partie chez M. Negri.....

22 août. — Il y a trois salles de spectacle à Turin: le théâtre du roi qui touche à son palais; on y joue l'opéra,

ouvert seulement en carnaval ; le théâtre du prince de Carignan, sur la place du même nom ; on y joue la comédie, la
tragédie, des arlequinades et l'opéra-comique.

Un troisième théâtre chez le marquis d'Anglesne est
petit, mais bien décoré.

23 août 1787. — Partie de campagne chez M. Negri...
visite à Moncalieri chez Mᵐᵉ Nasi, à M. Bianchi au château.
De là, dîner à Castel-Nuovo ; on me garde à coucher. Nous
partons à six heures pour aller à la comédie à Moncalieri ;
acteurs meilleurs que ceux de Turin...

24 août. — Retour à Turin à six heures du soir, partie à
pied, partie en carrosse, aussi gai que la venue.

25 août. — Visite à M. de Choiseul (notre ambassadeur
à Turin) qui m'a reçu avec son air leste, à sa toilette, et m'a
congédié ensuite, sans cérémonie, quand elle a été faite.

26 août. — Partie de campagne chez M. Brouzet à la
Colline, où nous avons dîné en très bonne compagnie ;
maison fort agréable et très champêtre.

Nous partons de Turin, le 28, à cinq heures du soir, avec
M. Negri, pour sa maison de campagne, pour être à portée
de Moncalieri.

29 août. — A six heures du matin, nous descendons
dans la plaine, où était rangée la légion d'accompagne-
ment qui devait manœuvrer sous les yeux du roi.

(Description des manœuvres... traversée du Pô... Dres-
sement des tentes... etc.)

Nous nous embarquons sur le Pô, avec Mᵐᵉ Aignon, ses
filles, Mᵐᵉ Nasi, Mᵐᵉ Nasi Maggia et ses quatre sœurs,

MM. Aignon et Nasi fils; nous descendons à Moncalieri, nous dînons chez M. Nasi, et le soir, nous retournons coucher chez M. Negri.

2 septembre. — Diné à la campagne Saint-Ange-Morel avec Barberis, Ballor, Jouben et autres, au nombre de douze, sur le chemin de la Superga à un mille de Turin.

8 septembre. — Procession de la fête de la Vierge où vont les communautés religieuses, le chapitre de la cathédrale, l'archevêque, le sénat, la chambre des comptes, le consulat, les conseillers de ville et les corps nombreux de pénitents et pénitentes ; concours très considérable de toute la population.

9 septembre. — Diné à la vigne de Doxa, presque à la porte de la ville, avec M. Leclerc de Nice, Tollo père et ses deux fils, Haldimand, etc.

Ces deux jours, le spectacle du Théâtre de Carignan était magnifique ; toutes les loges étaient pleines, chose rare pour la saison.

(On voit par ses notes de correspondance que pendant la fin de septembre, il s'est beaucoup occupé de l'affaire Cajoli et autres.)

8 octobre. — Il part de Turin pour Bologne, toujours dans sa chaise de poste, en passant par Casale, Alexandrie, Tortone, Plaisance, Parme, Reggio et Modène.

(Dans chaque ville il fait une description sommaire des pays traversés, qu'il serait trop long de transcrire ici, nous nous bornerons à quelques extraits.)

8 octobre 1787. — On traverse cinq rivières pour aller de Turin à Casal : la Stura, le Mollon, l'Eau-d'Or, la Dora-Baltéa et le Pô à Casal même, sur lesquelles il n'y avait point de ponts.

10 octobre. — Le théâtre d'Alexandrie est grand, mais le parterre est bas. L'opéra est bon ; la première chanteuse excellente ; le ballet fort joli. Après le spectacle il y a bal, où tout le monde peut entrer en payant, mais il n'y a que les nobles qui peuvent danser !

On voit à Alexandrie un beau pont couvert sur le Tanaro qui a 620 pieds de long.

14 octobre. — Voyage à Novi ; on a rajusté le chemin qui était impraticable. On traverse Pozzalo, village dangereux à cause des voleurs ; il est prudent de ne pas y passer la nuit.

16 octobre. — Départ d'Alexandrie pour aller à Tortone ; on passe la Scrivia ; cette rivière est tantôt guéable, tantôt d'une grande force ; de sorte qu'il n'y a point de prix fixe pour le passage en bateau. Le mien a duré deux minutes. J'ai offert 5 sous ; on m'a demandé 3 livres, et l'on s'est contenté de 10 sous, sur la menace d'informer le commandant.

Description de Plaisance... l'église du Dôme est grande, belle ; beaucoup de peintures.

17 octobre. — Parti de Plaisance à trois heures et demie, j'arrive à cinq heures à Fiorenzuola, petite ville où je ne trouve point de chevaux, à cause de la foire ; il faut se décider à coucher.

Il y a grand monde à l'auberge ; je suis engagé à aller à un bal que donnent quelques seigneurs des environs ; j'y reste jusqu'à deux heures du matin, puis je vais me coucher ; en partant à six heures et demie je rencontre quelques dames qui en sortaient. Description de Parme, Reggio et Modène.

21 octobre. — La grande tour de Modène, une des sept merveilles de l'Italie : il y a quatre cents marches à monter.

23 octobre. — Arrivé à Bologne. Je me loge hôtel de la Paix. Description de Bologne. L'église métropolitaine de Saint-Pierre et la collégiale de San-Pétronio sont l'une et l'autre très vastes et d'une très grande hauteur.

24 octobre. — Partie de campagne chez le marquis de Rata, où j'ai vu le cardinal-légat. Le soir, vu Mᵐᵉ Bianchi la mère qui m'a fait beaucoup d'amitiés.

25 octobre. — Vu le doyen de Bianchi dont j'ai reçu toutes les offres de service. Diné chez M. de Merendoni, avec le doyen qui ne m'a pas quitté de toute la journée ; nous sommes allés ensemble à San-Giovani-in-Monte, où se sont chantés en grande cérémonie la messe et les vêpres en l'honneur de saint Antoine de Padoue, par une société philharmonique composée de nobles.

26 octobre. — Le doyen m'a prêté son domestique, qui m'a accompagné à l'Institut, etc... Je suis allé voir le marquis de Tauraro qui a de beaux tableaux de maîtres.

Après le dîner le doyen m'a conduit chez sa sœur, la

comtesse de Pepoli, à la campagne à 3 milles de la ville, sur la route de Ferrare. J'y suis invité pour dimanche.

28 octobre 1787. — Vu la fameuse madone de Saint-Luc. Grande chapelle de la Vierge ou pour mieux dire grande église située sur la hauteur, à 3 milles de Bologne; on y arrive par six cent vingts portiques tous couverts. Le chemin pour les carrosses est à côté, et dans la montée les portiques passent trois fois par dessus. (Suit une grande description.)

La chapelle est fondée et entretenue par souscriptions particulières des Bolognais; la première pierre fut posée en 1733.

1er novembre. — Installation solennelle du gonfalonier chef du Sénat, premier magistrat de la ville de Bologne, qui n'a plus que l'ombre de son ancien pouvoir; depuis que Bologne s'est donnée au Pape, l'autorité réside toute entière dans la personne du cardinal-légat; ce qui n'empêche pas qu'aujourd'hui on suive les mêmes usages qu'autrefois.

Le gonfalonnier change tous les deux mois; pendant quatre jours tous les deux mois, ce sont les mêmes fêtes et processions qui se renouvellent.

2 novembre. — Départ de Bologne pour Florence à neuf heures du matin; passage des Apennins par un vent violent.

Je m'arrête trois heures à Lojano, méchant village, pour faire raccommoder ma voiture à laquelle trois boulons ont cassé.

Florence. — J'arrive à Florence à dix heures du soir.

En entrant en Toscane, il faut se faire visiter, ou consigner deux sequins (le sequin valait 12 livres) qui sont rendus à Florence, quand on a visité la malle. Pour cela il faut aller à la douane où j'ai perdu une matinée.

3 novembre. — Sur la recommandation de Mme Spinosa, je me suis logé à l'Aigle Noir près du Dôme chez Pio Lombardi. La ville compte 95,000 habitants.

(Ici grande description de la ville de ses mouments de ses palais, des églises et des musées ; il visite le palais Capponi, berceau de Laurent Capponi qui s'est rendu célèbre à Lyon par sa générosité au XVIe siècle. Arrivé le 2 novembre, il en est reparti le 7 ; ce n'était pas trop pour voir toutes les merveilles de cette ville magnifique dans laquelle il devait s'arrêter à son retour.)

7 novembre. — Départ de Florence pour Lucques, à six heures et demie du matin. Attendu près d'une demi-heure à la porte pour laisser entrer les voitures des maraîchers ; enfin nous sortons.

Je m'arrête à Cojano pour voir le palais Poggio au grand-duc, qu'on vante beaucoup, je ne sais pas pourquoi.

A Buggiano, je me suis disputé avec le maître de poste qui voulait me mettre trois chevaux à cause du mauvais chemin et de la pluie ; par amiable composition, il a été convenu qu'au lieu de 4 pauls par cheval et par poste, je n'en donnerais que 3 ce qui a été exécuté.

7 novembre. — En arrivant à Lucques, à six heures du soir, il a fallu faire le tour de la ville le long des remparts, parce qu'à la nuit les portes sont fermées à l'exception d'une seule ; pour entrer on paye 6 sous par voiture et 2 sous par personne pour se faire ouvrir.

Lucques, république aristocratique, comme Bologne l'était autrefois, est gouvernée par un gonfalonnier et huit anziani (anciens) qui changent tous les deux mois ; il y a un grand conseil composé de cent cinquante nobles qui décide de toutes les affaires.

Logé à la Croix-de-Malte ; payé le plus haut prix qu'on ait exigé de moi jusqu'à présent 16 pauls par jour ; mais il faut observer que je suis seul dans l'hôtel, et que je paye pour ceux qui n'y sont pas.

9 novembre 1787. — Arrivé à Pise le soir, logé au Trois-Donzelles. (Description de Pise.)

10 novembre. — Parti après dîner ; arrivé à Livourne avant la nuit.

11 novembre. — Visité en mer deux bâtiments suédois avec Mme Redi et M. Ulric.

Livourne ne brille pas par ses églises ; les deux plus belles sont le Dôme et les Dominicains. Par contre, le théâtre est fort joli ; il est grand, bien éclairé, avec cinq rangs de loges superposées ; mais l'opéra y est très mauvais.

17 novembre. — Départ de Livourne à sept heures du matin pour retourner à Florence.

La ville de Livourne est un port franc, où tout peut entrer et sortir par mer ; mais du côté de la terre, les douanes du grand-duc sont très rigides.

Avant de partir il faut faire visiter et plomber ses malles ; sans cela on est visité à la porte de Pise, de Florence, en un mot, dans toutes les villes de la Toscane.

J'avais fait plomber ma malle à Florence, pour aller jusqu'à Rome sans la défaire ; arrivé à Florence à neuf heures du soir, on a prétendu qu'il fallait visiter cette malle, parce qu'elle venait de Livourne ou bien aller à la douane.

Il a fallu consigner encore une fois ma voiture à la douane pour la retirer le lendemain matin. J'ai eu la mauvaise chance d'être pris pour un marchand d'échantillons, ce qui m'a fait traiter avec rigueur.

19 novembre. — Revu Florence. (Nouvelle description de la ville.)

Revu la galerie du Grand-Duc *degli uffici* avec un nouveau plaisir. (Le sentiment qu'il éprouve de revoir Florence est partagé par tous ceux qui ont eu la chance heureuse d'y aller et d'y retourner.)

20 novembre. — Dîné chez M. Redi ; après le spectacle et le souper je me suis mis en chaise à onze heures et demie du soir pour me rendre à Bologne où j'arrive aujourd'hui mardi à cinq heures du soir.

J'ai eu sur l'Apennin un vent très froid, les chemins étaient très mauvais à cause de la pluie.

La première fois étant parti de Bologne la nuit, je n'avais pas vu les environs ; il y a des palais superbes ; entre autres celui du marquis Aldrovandi Marescotti et celui du prince Hercolani encore plus beau.

A Parme, à Modène et Bologne les étrangers payent au spectacle le double du prix payé par les gens du pays.

23 novembre. — Parti de Bologne pour Ancône à huit heures du matin ; passé par Imola, petite ville où il y a beaucoup de noblesse.

A Faenza il y a une fabrique de faïence considérable

(c'est de là que vient son nom). J'y ai vu des ouvrages très curieux imitant la porcelaine. (Il passe à Cesena, Rimini et Pesaro.)

25 novembre 1787. — Parti de Pesaro à une heure après midi, arrivé à Fossonbrone à six heures avec de la pluie et de très mauvais chemins.

En arrivant j'ai trouvé Pierre Moci, qui a voulu absolument me loger chez lui, ce à quoi j'ai consenti, pour jouer un tour au maître de poste, qui avait le front de me demander 15 pauls pour une nuit.

26 novembre. — Séjour à Fossonbrone à cause de la neige.

27 novembre. — Je pars à quatre heures du matin; beau clair de lune, temps froid; passé à Sinigalia, très joli petit port de mer sur l'Adriatique.

Arrivé à trois heures à Ancône, ville très commerçante, qui augmente tous les jours.

28 novembre. — Parti d'Ancône à huit heures j'arrive à Lorette à midi.

Je vois l'église et la Sainte-Chapelle, Santa Casa, qui suivant une ancienne tradition est la maison où Notre-Seigneur Jésus-Christ s'est incarné. C'est-à-dire la maison de la sainte Vierge. On a laissé les murs dans leur état naturel, on s'est borné à orner les lambris d'une grande quantité de lampes d'argent massif d'un poids considérable.

Le trésor renferme des richesses incroyables, diamants, perles, rubis, etc., provenant des largesses des plus grands princes de l'Europe.

Arrivé à Macerata à quatre heures et demie je suis obligé
de m'arrêter pour faire remettre des vis à ma chaise et
parce qu'on m'annonce qu'il y a du danger sur le chemin.

29 novembre. — Parti de Macerata avant jour; arrivé à
Tolentino, j'apprends que le passage du col Fiorito (Apennins) est intercepté par les neiges et l'on me fait attendre
trois heures.

Je pars pourtant sur de nouveaux renseignements, qui
annoncent qu'on a fait le passage; je trouve beaucoup de
neige qui rend le chemin difficile; j'arrive non sans peine à
Serravalle au pied des Apennins.

Le maître de poste de Ponte-della-Trava, voulant me faire
coucher chez lui, m'avait annoncé que je trouverais grand
monde à Serravalle, et que je ne pourrais pas me loger. Je
ne me laisse pas faire et voyant surtout qu'il veut m'étran-
gler pour le prix, je demande des chevaux; il me les refuse
sous prétexte qu'il n'en a pas.

Cependant il en arrive et me les fait payer un prix exor-
bitant, que je suis obligé de subir parce qu'il n'y a point de
juge dans cet endroit.

Me voici donc à Serravalle, j'y soupe et j'y couche au
prix assez fort de 10 pauls (5 fr. 60 environ), pour un
mauvais souper et un mauvais lit ; après avoir passé la
soirée avec la duchesse de Sampiari, de Naples, qui venait
de traverser la montagne et se rendait à petites journées à
Lorette.

30 novembre. — J'avais donné mes ordres pour partir
au point du jour; je me lève à sept heures, je fais chercher mes gens; tous à la messe pour fêter saint André !
au retour il faut bien déjeuner; au lieu de partir à

sept heures nous ne partons qu'à huit heures et demie avec quatre chevaux et deux hommes pour soutenir la chaise dans les mauvais pas !

Comme le ciel était serein je fis le voyage très heureusement, et j'arrivais à deux heures et demie à Foligno, ville d'Ombrie assez peuplée ; on y compte 22,000 habitants.

1er décembre 1787. — Les maîtres de poste de la Romagne sont les plus grandes canailles qu'il y ait au monde ; ils font aux voyageurs toutes les insolences dont ils peuvent s'aviser et cherchent toujours à les duper s'ils n'ont aucun moyen de se faire rendre justice.

Au col de la montagne Fiorito, la marquise Ghilini, d'Alexandrie, qui l'a traversé la veille de mon passage, avait avec elle vingt hommes pour faire le chemin ; elle a vu cinq de ces malheureux, les couteaux à la main, contre elle et son domestique, parce que ce dernier leur faisait le reproche, bien mérité, d'avoir exposé par leur faute la marquise à tomber dans le précipice.

Avec cette race, on est obligé de les remercier de ce qu'ils veulent bien prendre l'argent qu'ils vous forcent de donner.

Le ruspone, soit la pièce de 3 sequins de Florence, est tarifée à 65 pauls et 1 bayoque romains, dans les Etats du Pape. Dans la route de Lorette à Rome, les maîtres de poste ne veulent le prendre que pour 63 pauls, quelques-uns même pour 62. Les pauvres voyageurs, qui, sur la foi du tarif, n'ont dans leur poche que des triples sequins toscans, sont réduits, dans la route, à perdre 2 ou 3 pauls par ruspone.

Avis aux voyageurs d'avoir toujours dans leur escarcelle de l'argent du pays.

Pressé d'arriver à Rome pour y trouver les lettres qui m'y attendaient, je me décide à voyager jour et nuit ; j'avais un beau clair de lune, j'y voyais comme en plein jour.

· J'ai traversé, sans m'y arrêter, Spolette, Terni, Narni, Otricolli, Castellana ; toutes ces villes sont en pays de montagne.

Avant d'arriver à Rome à quatre lieues de distance, on distingue le dôme de Saint-Pierre.

J'arrive à Rome à trois heures et demie par la porta et la piazza del Popolo. Je me loge chez Damon, hôtel des Français, via della Croce, allant du Corso à la place d'Espagne.

2 décembre. — Le matin, toilette faite, je suis allé à la chapelle du Saint-Père, où il chantait une messe solennelle pour l'ouverture de l'Avent, assisté de tous les cardinaux, avec un monde considérable.

Après la messe, tout le cortège ecclésiastique a fait la procession de la chapelle Sixtine à la chapelle Paolina, pour célébrer l'ouverture des quarante heures.

Après l'exposition du Saint-Sacrement, la procession est retournée d'où était venue, et tout a été dit.

Ces deux chapelles sont très belles et méritent d'être revues avec moins de foule. L'église de Saint-Pierre, à côté du Vatican, jouit avec raison de la réputation d'être la première église du monde. Elle frappe au premier coup d'œil par sa grandeur. (Description de Saint-Pierre.)

L'après-dîner s'est employé à rendre les lettres de recommandation ainsi que la matinée du lendemain ; je n'ai vu que les rues et les places en courant en voiture.

3 décembre 1787. — Le pont Saint-Ange... Le château Saint-Ange, c'est là qu'on a trouvé dans le tombeau d'Adrien des œuvres de Phidias... Castor et Pollux avec leurs chevaux, dont le plus grand mérite est leur antiquité.

L'entrée de Rome par la place del Popolo est majestueuse.

Les carrosses font tous les soirs le cours dans la rue du milieu (il corso), surtout le dimanche quand il fait beau (depuis cent ans c'est toujours de même).

La villa Borghèse, que nous avons visitée cet après-dîner, est fort intéressante. J'y suis allé avec M. et Mme Schulteis et Mme Veraci, Florentine, qui leur était recommandée.

(Arrivé à Rome le 1er décembre 1787, Henri Jordan y est resté plus d'un mois, jusqu'au 5 janvier 1788 ; il y a passé quelques jours encore à son retour de Sicile.

Ceux qui ne connaissent pas Rome feront bien de passer rapidement les pages suivantes ; ceux, au contraire, qui l'ont vue, retrouveront avec intérêt les noms de toutes les choses qu'ils connaissent et qui depuis un siècle ont peu changé.

Il serait trop long, et en dehors du cadre de cet écrit, de copier en entier les descriptions qui se trouvent dans le manuscrit, je me bornerai donc, en général, à une simple nomenclature.

4 décembre. — Le matin Saint-Pierre... La fontaine Trévi...

5 décembre. — Campo Vaccino ou Forum Romanum... Arc de Constantin... Arc de Septime Sévère, temples de la Paix et de la Concorde, de Jupiter Tonnant, du Soleil et de la Lune, arc de Titus, amphithéâtre Flavien (Colisée), les dehors du Capitole.

6 décembre. — Sorti de la rue de la Croix, où je loge, suivi le Corso jusqu'au Capitole ; vu Saint-Paul-hors-les-Murs.

Sur la route, tombeau de Caius Sextius, et le mont Aventin.

Eglise Sainte-Sabine, églises de Sainte-Marie-de-Lorette, in Cosmedin, Egyptienne.

Restes du temple de Vesta, où l'on a bâti Sainte-Marie-du-Soleil.

Traces du pont Sublicius, défendu par Horatius Coclès.

L'Arc de Saint-Lazare, le pont Palatin ou ponte Rotto.

Eglises Saint-Nicolas-in-Carcere, restes du portique d'Octavie.

Eglise Saint-Ange-in-Pescheria, théâtre de Marcellus, où est le palais Orsini.

L'Arc de Janus, l'Arc de Septime-Sévère-in-Velabro.

L'ouverture de la Cloaca Maxima, la fontaine de Saturne.

La colonne Trajane, port de Rippa-Grande.

7 décembre. — Sorti à dix heures par la place d'Espagne. Trinité du Mont.

Eglise de la Conception, Capucins; fontaine Barberini.

Eglise Saint-Nicolas-de-Tolentin ; église Sainte-Marie-de-la-Victoire.

Fontaine dei Termini, dite de Moïse, Sainte-Marie-Majeure.

Eglise Sainte-Prudentienne, église Saint-François-de-Paule.

8 décembre 1787. — Eglises Saint-Charles, Sainte-Agnès, Saint-Jacques-des-Espagnols.

Ces deux dernières place Navone ; Trois-Fontaines et Obélisques.

Eglises Saint-Jean-de-Latran, Baptistère de Constantin. Saint-André-di-Monte-Cavallo et la place.

9 décembre. — Eglise des Chartreux, dite Sainte-Marie-des-Anges, le Panthéon ou la Rotonde. La villa Médicis. L'église de la Minerve.

10 décembre. — Eglise Saint-Jacques-des-Incurables, église Jésus et Marie, palais Rondini.

Eglise Sainte-Marie-di-Monte-Santo, des Miracles, del Popolo, sur la place.

Palais Capponi, restes du mausolée d'Auguste, église Saint-Roch.

Eglises Saint-André, Saint-Ignace, Saint-Sauveur-in-Lauro.

11 décembre. — Eglises Saint-Luc, Saint-Yves-des-Bretons, place et collège Clémentin.

L'Obélisque solaire d'Auguste, dans la cour du palais della Vignaccia.

Eglise de la Trinité, prêtres des Missions, église Sainte-Marie-in-Campitelli.

Eglises du Jésus, Sainte-Marie-d'Ara-Cœli, Sainte-Marie-

Libératrice, les trois colonnes des Comices, revu le Colisée, monté au deuxième étage.

12 décembre. — Eglise Saint-Jean-Baptiste-des-Florentins, la rue Julia, église Sainte-Catherine-de-Sienne.

Place et palais Farnèse. Palais du cardinal, duc d'York.

13 décembre. — Autre visite à Saint-Pierre, monté sur le Dôme avec un jeune Anglais, Higginthon, fort aimable compagnon (grands détails sur l'église de Saint-Pierre).

14 décembre. — Vu le palais et la galerie Borghèse ; après-dîner visité le palais Doria, nous en avons admiré rapidement les beautés, parce que nous étions chassés par la nuit qui s'avançait à grands pas, et nous avons promis de ne plus aller voir des peintures après-dîner, parce qu'ici on dîne à plus de deux heures et que la nuit vient trop tôt.

14 décembre. — Le soir s'arrange une partie pour aller à Tivoli à pied, entre M. Higginthon, deux autres Anglais et un Piémontais, ancien secrétaire de M. de Bianchi, à Bologne. J'arrive, on me la propose, je me laisse entraîner et j'accepte ; j'écris le soir même quelques lignes à la hâte à Mme Vionnet (sa sœur), par voie de Turin, pour lui annoncer ce voyage, et que je donnerai de mes nouvelles par le courrier suivant (c'est-à-dire dans huit jours).

15 décembre. — Je suis réveillé à sept heures du matin par un garçon cafetier, qui m'apporte de la part de mes compagnons de voyage une tasse de chocolat pour me donner du courage ; je l'avale et je m'habille ; cela fait, nous nous mettons en route comme des pèlerins. Nous partons à sept heures et demie et nous arrivons, avec beau temps, à Tivoli, à une heure après midi. La distance est de 18 milles de la porte dite Saint-Laurent et 3 milles pour la gagner de notre auberge. (Le mille romain est de 1,500 mètres.)

Au milieu du chemin nous nous arrêtons pour déjeuner, nous trouvons pour tout potage un plat de petits poissons frits de la veille, du pain et du vin médiocres ; avec ça nous déjeunons gaîment et nous nous remettons en route.

A 13 milles de Rome, nous trouvons la Solfatare de Tivoli, canal qui conduit une eau bleue et sulfureuse, d'une odeur très forte ; nous nous lavons les mains et le visage avec cette eau fort claire et fort limpide.

A 15 milles de Rome, nous passons une seconde fois sur le pont Lucano, le Tévérone, autrefois l'Arno, chanté par Horace ; au-delà du pont est le tombeau de la famille Plautia, qui a servi de forteresse aux Goths lors de leur invasion.

Nous laissons la villa Adriana sur la droite ; un quart d'heure avant Tivoli, nous trouvons l'ancien temple de Latone transformé en chapelle dédiée à la Vierge.

Tivoli autrefois Tibur, lieu de délices d'Horace et de Mécène, plus ancienne que Rome de 462 ans, est une ville mal pavée et mal bâtie, avec des rues étroites où il faut sans cesse monter et descendre, où l'on ne peut pas marcher, quand il pleut, tant le sol est glissant, comme nous l'éprouvons en arrivant avec la pluie.

Nous cherchons une auberge, on nous en indique une à droite, où l'on nous reçoit avec empressement; on nous montre nos lits, nous les trouvons mauvais et nos chambres pitoyables, nous nous empressons de sortir et nous finissons par tomber sur un gîte passable, qui nous paraît un palais.

Nous demandons à dîner, nous nous reposons, attendant pendant trois heures les provisions qu'on avait été obligé d'aller chercher ailleurs.

Quand nous sortîmes de table il était presque nuit, nous pûmes voir seulement la cascade et les forges que les eaux mettent en mouvement.

A côté de la cascade se trouvent le temple de Vesta très bien conservé et celui de la Sibylle qu'on dit fondé par Numa, second roi de Rome, pour la nymphe Egérie.

Nous rentrons et nous nous couchons de bonne heure.

16 décembre 1787. — Le matin du dimanche je vais à la messe avant jour, puis je vais réveiller mes compagnons qui me font perdre une heure parce qu'ils ont mal dormi. Après le déjeuner nous retournons voir la cascade, le temple de Vesta et la villa d'Est. Bâtie il y deux cent trente ans par un cardinal d'Est, elle est aujourd'hui plus dégradée que beaucoup d'édifices romains. La vue est fort étendue et très belle; elle appartient au duc de Modène.

De là nous allons dans les débris de l'ancienne villa de Mécène, dont on ne voit plus que les murs et la grandeur des chambres, qui ont des voûtes d'une hardiesse étonnante; ces murs subsistent depuis dix-sept cents ans et paraissent devoir subsister longtemps encore.

On nous montre les ruines de la maison d'Horace et d'un temple d'Hercule; puis nous allons dîner pour repartir à midi.

Au lieu de retourner à Rome directement, on nous propose de voir Frascati; nous visitons la villa Adriana, par des chemins boueux et mauvais. Nous nous en tirons cependant parçe que le temps s'était remis au beau.

Dans cette maison de plaisance de l'empereur Adrien, il n'y a plus que des ruines, mais de superbes ruines : un ancien amphithéâtre, un temple du dieu Canope (divinité égyptienne dont les prêtres passaient pour magiciens), le temple d'Apollon et la salle des Gardes fixèrent notre attention.

Nous cherchons le chemin de Frascati ; en voulant couper court, contre mon avis, nous nous trompons de route, et nous sommes obligés de rejoindre le vrai chemin en passant à travers champs et fossés. Enfin nous arrivons à Frascati à six heures du soir en pleine nuit ; ayant traversé la villa Braciani.

Nous cherchons une hôtellerie ; on nous conduit d'abord dans un cabaret, ensuite dans une étable ; enfin nous trouvons la bonne auberge où l'on nous offre trois lits pour six.

Nous nous arrangeons cependant, en faisant mettre des matelas par terre ; nous nous couchons, mais nous dormons mal.

17 décembre 1787. — La villa Conti où je suis allé ce matin m'a fait grand plaisir ; il y a de beaux jardins et des jeux d'eau fort agréables ; mais ceux de la villa Aldobrandini dite Belvédère, appartenant au prince Paul Borghèse, sont encore supérieurs. On les fait jouer particulièrement pour les visiteurs étrangers ; ils forment des effets merveilleux et des suprises de toute espèce.

Ce palais jouit d'une très belle vue ; il est orné de belles peintures du cavalier d'Arpin.

Après dîner nous passons à Grotta-Ferrata, abbaye où nous admirons des fresques du Dominiquin.

En rentrant nous trouvons à 3 milles de Rome la fontaine d'Acquafelice, dont les eaux sont conduites dans la ville par des aqueducs magnifiques et très bien conservés.

19 décembre. — Revu Saint-Pierre avec un nouveau plaisir.

20 décembre. — Consistoire public au Vatican pour la réception d'un cardinal, cérémonie qui n'a d'intéressant que l'importance des gens qui la font, et les compliments qui se récitent en latin, que l'on n'entend guère.

Il y a cependant beaucoup d'étrangers, pour voir le Pape et les cardinaux en costume de gala.

La fonction ne consiste, autant autant que j'ai pu le voir, qu'à présenter le nouveau cardinal au Pape, auquel il baise les mains, la poitrine et le front ; il va donner ensuite une accolade à ses confrères, et reçoit exhortation du Saint-Père sur ses devoirs et tout est dit.

21 décembre. — Vu le Capitole et la villa Albani ; pour les détails je renvoie au livre de Vasi qui en parle assez bien ; je dirai seulement que les tableaux du Capitole qui m'ont plu davantage sont la Fortune, du Guido, et celui de Moïse faisant sortir l'eau du rocher, de Luc Giordano.

La villa Albani passe pour la plus agréable des environs de Rome. (Aujourd'hui cette villa appartient à la famille Torlonia.)

22 décembre. — Nouvelle visite à Saint-Pierre, remonté dans la coupole pour jouir du magnifique coup d'œil intérieur et extérieur.

De là, visite, avec M. Emery (Suisse), du musée du Vatican. Vu les premiers chefs-d'œuvre de sculpture, l'Apollon

du Belvédère, le Laocoon, l'Antinoüs et beaucoup d'autres...
Vu le jardin du Belvédère, où se trouve la pomme de pin
du mausolée d'Adrien, et le bassin où l'on voit un vaisseau
dont les agrès sont formés par des jets d'eau.

23 décembre 1787. — Pluie le dimanche. Je suis allé, avec le
signor Agostino, voir le chef-d'œuvre de Raphaël, le premier tableau de l'Univers : la Transfiguration de Notre-
Seigneur qui se trouve à Saint-Pierre-in-Montorio sur le
Janicule (aujourd'hui au Vatican, avec la Communion de
saint Jérôme et la Vierge, de Foligno).

Je n'ai pas regretté ma course faite par le mauvais temps
pour admirer avec le plus grand plaisir ce bel ouvrage.

J'ai vu en même temps au sommet de la montagne (le
Janicule), la fontaine Pauline, *aqua Paola*, remarquable
par l'abondance de ses eaux, qui viennent de 12 lieues, et
la simple architecture de la façade.

De ce point, on a une des plus belles vues de Rome.

Passé à Sainte-Marie-in-Transtevere dans l'île du Tibre ;
monté au Quirinal, traversé la rue Pia pour arriver à la
place dei Termini, où j'ai revu l'église de Sainte-Marie-de-
la-Victoire.

24 décembre. — Vu la galerie Colonna, à laquelle on
donne ici le premier rang pour la richesse et la beauté,
comme on le donne à la galerie Borghèse pour le nombre
et le prix des tableaux.

25 décembre, Noël. — Auguste cérémonie dans la basilique de Saint-Pierre, au Vatican. Le pape (Pie VI) chante
une grand'messe solennelle, assisté du prince Doria, en
qualité de diacre, et d'une grande quantité de cardinaux,

prélats, etc.; belle et grande cérémonie où il y a beaucoup d'étrangers... J'ai été très content de cette majestueuse fonction où il y avait un concours immense.

Le temps était beau, le cours très brillant, le plus nombreux que j'eusse encore vu.

26 décembre. — Vu l'église de Saint-Jérôme-de-la-Charité (S. Geralomo della Carita), où se trouve le fameux tableau de la Communion de saint Jérôme, du Dominiquin, regardé comme un des quatre premiers de Rome (aujourd'hui au Vatican).

Le soir, ouverture du théâtre Alemberti, où il y a grande foule, le parterre et six rangs de loges étaient pleins. L'opéra et les ballets n'ont pas enlevé le suffrage du public. Ce théâtre, comme tous ceux de Rome, est en bois; l'entrée est désagréable, mais l'intérieur est beau.

Il n'y a point de femmes sur la scène, mais de jeunes éphèbes en costumes féminins, remplissant leurs rôles, après avoir été préparés dès l'enfance par une éducation physique appropriée, et quelques-uns font presque illusion. Les danseurs et danseuses fictives ont plu médiocrement.

27 décembre. — L'opéra d'Argentine a été supérieur, les ballets étaient assez bons.

5 janvier 1788. — Départ de Rome pour Naples avec M. Febvre, de la maison veuve Poujol et ses fils, d'Amiens, à qui, sur la recommandation de Torlonia (premier banquier de Rome, correspondant de la maison), j'ai donné une place dans ma chaise. (Ce Torlonia était probablement le grand-père du Maire de Rome, qui vient d'être destitué par Crispi pour sa lettre de félicitation au Pape Léon XIII à propos des fêtes jubilaires de 1888.)

Nous partons à dix heures par un temps médiocre, à la suite de trois jours de pluie, nous trouvons le chemin très mauvais pendant trois postes. La route étant devenue meilleure, la pluie revient. Le temps s'étant mis au beau, nous marchons toute la nuit et nous arrivons à Naples le 6 janvier à cinq heures du soir. (Durée du voyage trente-deux heures, on met aujourd'hui six heures.)

Mon domestique, Laforest, a couru la poste la plus grande partie du chemin (M. Febvre ayant pris sa place dans la chaise); il a été fatigué par les bottes qui sont trop fortes et trop dures, et particulièrement par les étriers qui étaient trop étroits. Il a eu, dans la route, de mauvais chevaux qui l'ont jeté par terre.

M. Febvre a fait quelques postes à cheval, ce que je n'ai pas pu faire, les bottes étant beaucoup trop grandes pour moi.

6 *janvier 1788.* — Nous voici à Naples; nous descendons chez Mme Gaze, où j'avais chargé Détournes de nous arrêter deux chambres, il n'y en a point; nous allons chez M. Menricoffre pour le prier de nous renseigner; trois hôtels qu'il nous indique sont pleins, nous trouvons un appartement dont on nous demande 60 ducats qui valent 255 livres tournois! Enfin, nous revenons chez Mme Gaze, où l'on nous loge, l'un dans la chambre du maître de la maison, l'autre dans celle d'un compatriote, en attendant mieux.

Mme Gaze est une femme très obligeante, dont je suis fort content; elle a d'assez mauvais logements, c'est vrai; mais elle traite bien les étrangers, avec beaucoup d'attentions.

8 janvier. — Mardi soir, à l'Académie des Amis, société où l'on se réunit tous les jours pour la conversation et la partie, plus particulièrement, une fois par semaine, où il y a musique et bal. Ce jour-là, il y avait bal; les femmes du monde y vont, ainsi que les étrangers, avec des billets qu'on se procure facilement.

9 janvier. — Je change d'appartements; Mme Gaze me transporte dans sa maison, sise à la Marinella, à l'extrémité de la ville, où elle me donne trois chambres très agréablement situées, où l'on jouit d'une vue magnifique.

11 janvier. — Parti pour Portici avec des Anglais; disposés à monter au Vésuve, qui était fort tranquille, mais empêchés par un vent violent.

Belle vue de Naples... Théâtre souterrain d'Herculanum... Le soir, Académie des Nobles dans le genre de celle des amis... musique. (Le 8 janvier, il avait écrit à Magneval une longue lettre pour lui annoncer son arrivée à Naples et ses impressions.)

12 janvier. — Lettre de Naples à son père, où il rend compte de sa réception par le duc de Pragnito, Rossi, Lignola et autres personnes auxquelles il est recommandé.

12 janvier. — Vu le tombeau de Virgile, c'est-à-dire l'inscription et les quatre murs, tout ce qui en reste. Très belle vue.

Vu le tombeau du fameux Sannazar, poète italien et latin, né à Naples, en 1458, d'origine éthiopienne, dans l'église.

13 janvier. — Course à Portici, nous allons voir la lave de 1767, qui forme une montagne.

14 janvier 1788. — Vu la chapelle de la maison de Sangro, où sont les mausolées de la famille depuis 150 ans; on y admire des chefs-d'œuvre de sculpture.

15 janvier. — Voyage à Caserte avec un officier russe! grande et belle description de la villa royale. Aimable réception par le chevalier de Montalto, qui les conduit pour voir le nouveau pont qui amène les eaux à Caserte; mais au tiers du chemin, les chevaux loués ne veulent plus marcher; course remise à un autre jour.

14 janvier. — Lettre à son père pour le remercier de ce qu'il le laisse libre de faire le voyage de Sicile; il cherche une occasion et des compagnons convenables s'il y a lieu.

18 janvier. — Vu le musée de Portici et la ville de Pompéia, une journée. On voit au musée tout ce qui a été trouvé; non seulement à Pompéia, mais encore à Stabia et Herculanum; les premières, détruites par les cendres du Vésuve comme Pompéia, et la seconde, par la lave.

En examinant ce musée, on retrouve les usages des anciens Romains, par la nature des meubles dont ils se servaient... leurs balances sont tout à fait semblables aux nôtres... tous ces objets fort instructifs sont bien faits pour intéresser les connaisseurs et même ceux qui ne le sont pas.

Ce qui étonne le plus, ce sont leurs livres manuscrits, qui consistent en rouleaux de feuilles de papier. On en a trouvé des quantités considérables; avec une grande patience on parvient à les dérouler et à les mettre en état d'être lus; ils sont en grec pour la plupart.

La ville de Pompéia, dont il reste peut-être les trois quarts à découvrir, montre au naturel les habitations des

anciens Romains; on voit la distribution de leurs appartements; jamais leurs fenêtres ne sont sur la rue, mais sur
des cours intérieures, et même très élevées au-dessus du
sol; ce qui dénote, dit-on, leur penchant à la jalousie.

(Description des ruines du temple d'Isis et de deux
théâtres.)

19 janvier. — Voyage au Vésuve avec M. de Zybin et
nos domestiques; nous allons en calèche suivant l'usage,
jusqu'à Portici, à 5 milles de Naples. De là, on va d'ordinaire sur des mulets jusqu'au pied de la montagne, l'espace
de 4 milles, et l'on fait à pied la montée rapide qui est
environ d'un mille.

Nous faisons tout à pied pour ne pas être dupes des
muletiers, qui ont l'impertinence de nous demander le triple
du tarif ordinaire.

Le chemin n'est pas fort agréable; il est alternativement
sablonneux et pierreux, peu cultivé; c'est pourtant ce qui
produit le fameux vin de Lacryma Christi, dont il se fait
très peu, et dont, cependant, il se vend beaucoup.

La plus grande partie du sol est recouverte par les laves
de différentes époques, qu'il est impossible de travailler à
cause de leur dureté.

Nous arrivons au pied du Vésuve, là où les mulets s'arrêtent; nous jouissons du superbe aspect de Naples et de
tous ses environs qu'on domine en cet endroit, à peu près
au tiers de la hauteur totale de la montagne.

Nous sommes désagréablement surpris par le brouillard,
dans un chemin de pierres noires, qui roulent sous nos
pieds; enfin, au bout de beaucoup de peine, nous arrivons
au but de notre course, c'est-à-dire au bord du cratère.

Le brouillard nous empêche de voir le fond ; nous sommes forcés de nous contenter de l'aspect des bords garnis de soufre et de bitume. Encore nous ne nous arrêtons guère, parce que le froid du brouillard et du vent faisait un contraste trop grand avec la chaleur gagnée en montant, et celle que nous avions sous nos pieds.

Nous redescendons par le même chemin, mais avec une facilité bien différente. Après avoir dîné au pied de la montagne, nous retournons à Portici et nous rentrons à Naples dans notre calèche.

Partis de Naples à onze heures du matin, de Portici à midi, nous avons mis une heure et demie pour arriver au pied de la montagne, une heure vingt-cinq pour y monter, vingt-cinq minutes pour redescendre, une demi-heure pour dîner, une heure dix pour retourner à Portici. Total quatre heures trois quarts pour aller de Portici au sommet du Vésuve et revenir. De Naples à Portici trois quarts d'heure.

20 janvier 1788. — Vu l'église du Dôme, à Naples, consacrée à l'Assomption de la Vierge... l'église des Prêtres de l'Oratoire dits Geronimini...

22 janvier. — Vu l'église des Chartreux ainsi que les fameux tableaux de Guido Reni, Spagnoletto, etc. Joui de la plus belle vue qui existe.

23 janvier. — Second voyage à Caserte ; admiré le pont, aqueduc magnifique construit en sept années par le roi Charles ; trois rangs d'arcades superposées joignant deux montagnes et conduisant les eaux qui abreuvent Caserte et Naples. Au dire des connaisseurs c'est un des plus beaux monuments de l'architecture moderne.

24 janvier. — Vu la grotte de Pausilippe ; c'est un grand chemin creusé dans la montagne qui mène du côté de Pouzzoles ; ce souterrain est assez large pour le passage de deux voitures. Il a plus d'un demi-mille sans compter les tranchées découvertes aux abords.

26 janvier. — Vu les églises de Sainte-Claire couvent des dames nobles..... celle de Saint-Paul sur les ruines du temple de Castor et Pollux..... celle des Pères Théâtins qui est superbe.....

27 janvier. — Le cours de l'avenue de Tolède est très brillant (aujourd'hui rue de Rome). Cet après-midi, il était rempli de voitures de toute espèce ; mais il y avait peu de canestres, ce sont des cabriolets découverts, où les seigneurs ou autres, se mettent cinq ou six pour aller au cours, masqués, et jeter des dragées dans les carrosses, aux fenêtres et sur les passants.

De là on va au festin à Saint-Charles, dont je me suis trouvé fort content ; il y avait beaucoup de monde, on y danse peu, mais on se promène beaucoup ; le théâtre est entièrement illuminé ; la platée (le parterre) est élevée à la hauteur de la scène et à portée du premier rang de loges ; on ne peut y entrer qu'en masque et en domino. (C'est tout à fait ce qui se passait à Paris aux bals de l'Opéra de 1830 à 1848.)

28 janvier. — Musique à l'église de Girolamini des Prêtres de Saint-Philippe-de-Néri toute illuminée ; elle a lieu dans plusieurs églises de la ville où les religieux sont nobles ; c'est ce qu'ils appellent le Carnovaletto.

29 janvier 1788. — Vu le lac d'Agnano et la grotte du Chien, dont j'ai fait faire l'expérience; de là à Pausilippe.

2 février. — Course à Pouzzoles; nous nous mettons quatre dans un biroche à deux chevaux pour aller dans cette ville ancienne, fort peu de chose maintenant; nous passons la grotte de Pausilippe; le chemin très beau sur le bord de la mer; on prend ordinairement un cicérone, qui se charge de payer la barque pour traverser le golfe de Baïa, et de toutes les étrennes qu'il faut donner, c'est le moyen le plus économique et le plus sûr de n'être pas dupé par les habitants de Pouzzoles qui sont d'assez mauvais drôles.

Ce qu'il y a de plus beau à Pouzzoles; c'est le temple de Sérapis dont on voit encore le plan et l'architecture; c'est un des plus beaux qui existent encore. L'autel où l'on égorgeait les victimes subsiste presque en entier; il était environné de petites chambres pour les prêtres; on voit encore les conduits de l'eau lustrale, l'endroit où ils mettaient la portion des victimes qui leur était destinée, un tiers pour eux, un tiers pour les assistants et un tiers pour la divinité, que l'on brûlait.

Nous nous embarquons et nous voyons les restes d'un pont que Caligula avait commencé pour joindre Pouzzoles à Baïa.

Débarqués au pied du Monte-Nuovo, ainsi nommé parce qu'il a été formé en une nuit par un tremblement de terre.

Nous avons vu le lac Lucrin célébré par Horace à cause de ses belles huîtres; puis le lac d'Averne, au-dessus duquel les oiseaux ne pouvaient pas voler par suite de ses exhalaisons sulfureuses. Aujourd'hui tout est changé, c'est un des plus riants de la province. Au bord de ce lac, est la grotte de la Sybille, assez bien conservée.

Presque au bout de cette grotte, une porte s'ouvre sur un long passage, au bout duquel on est obligé de se faire porter par des hommes du pays qui vont dans une eau boueuse qui leur monte jusqu'aux genoux; au-delà, se trouve une grande caverne dont l'obscurité et la noirceur des murs, à peine éclairés par la lueur des torches, fait croire qu'on est aux enfers.

Nous revenons au lac Lucrin ; nous montons en barque en côtoyant le rivage ; nous voyons la maison de campagne de Néron, nous descendons dans un grand bâtiment divisé en beaucoup de chambres, qu'on appelle ses bains, en assez mauvais état. Le souterrain qui conduit à la source minérale est bien conservé. Il y fait si chaud, qu'on est obligé de se déshabiller ; sur-le-champ on est mouillé par la vapeur, l'eau est brûlante ; on peut y faire cuire des œufs.

Pour la troisième fois, nous nous embarquons et nous arrivons à une bettola (cabaret) où nous mangeons du pain, du fromage et des harengs secs, mais nous y buvons du vin de Falerne, qui nous rappelle encore Horace. Cela fait, nous nous préparons à traverser l'Achéron dans la barque à Caron ; nous passons dans un canal tranché dans le roc depuis deux ans, pour faire communiquer la mer avec le lac Acherontin, dit aujourd'hui Fusaro.

Le roi a fait élever au milieu, un petit casino pour rendez-vous de chasse ; nous voyons le temple de Mercure avec son étonnant écho ; les temples de Vénus et de Diane, avec leurs grands souterrains, armés de bas-reliefs médiocrement conservés. Pour la quatrième fois, nous nous embarquons pour revenir à Pouzzoles ; la mer, calme le matin, était excessivement agitée, nous arrivons cependant sains et saufs et reprenons notre voiture pour Naples.

3 février 1788. — Grand cours de voitures dans la rue de Tolède avec peu de masques; à la nuit, festin très brillant où il y avait beaucoup de monde attiré par la mascarade de la princesse d'Avelline ; la seule de cette année.

5 février. — Cours encore plus nombreux que celui de dimanche.

A Naples, il existe un usage pour les loyers, qui n'est pas ailleurs; les baux se passent pour une année seulement, le locataire peut quitter au bout de l'année, mais il peut rester si cela lui convient, sans augmentation de prix ; le propriétaire ne peut le renvoyer qu'en cas de vente, ou s'il veut habiter lui-même son appartement.

A Naples la justice est désastreuse plus que partout ailleurs ; les procès n'en finissent plus, et les dettes les plus claires ne sont pas payées s'il faut plaider. Si un débiteur vous dit ici : Je vous dois, mais je ne veux pas vous payer, il vaut mieux lui remettre la moitié de sa dette que de le faire assigner.

Qui veut se faire une idée de l'enfer doit aller à la Vicaria, lieux où sont réunis tous les tribunaux. Les jours d'audience les salles sont remplies de procureurs, et d'avocats dits paillettes ; ils sont dix mille ; ils ressemblent à des squelettes ambulants ; on se presse, on se pousse, on se heurte pour solliciter les juges et les paillettes ; on n'avance qu'à force de distribuer de l'argent à pleines mains.

On crie chez nous contre la justice, que dirait-on, si c'était comme à Naples.

Le musée dit Capo-di-Monte, renferme une des plus belles collections de tableaux que j'aie vue, etc.

6 février. — Il écrit de Naples à son ami Magneval pour le féliciter de son mariage. Lettre à son père en réponse à ses lettres du 18 et du 25 janvier reçues par le même courrier. J'ai vu M. Lalo, directeur de la poste aux chevaux, et le chevalier Ruscelli qui me donne une lettre pour son frère à Palerme ; la princesse di Ferolito m'en donne aussi ; je pars demain matin ; je donnerai de mes nouvelles de Palerme, et je resterai quinze jours sans en avoir.

Laforest, mon domestique, prétend être convenu expressément de 50 sous de gage par jour pour le voyage, sans autre explication, c'est aussi comme cela qu'il me paraissait que c'était convenu.

Ci-joint une lettre pour la femme de Laforest.

Rossi et Cie m'ont compté 240 ducats sans règlement de change, parce qu'ils nous doivent en solde. Le change est bien favorable dans ce moment ; ce serait peut-être une spéculation de faire tirer sur Lyon, aux rois, pour remettre un peu plus tard les fonds en soie à la récolte. — Envoi de mon certificat de vie.

9 février. — Je prépare mon départ, comptant m'embarquer le lendemain pour la Sicile, et je fais mes adieux à tout mon monde.

10 février. — Le lendemain, autre affaire : le vent a changé, il est au scirocco (vent du midi), il n'y a plus moyen de mettre à la voile ; je vais me promener au-dessus des Chartreux, pour jouir de la belle vue de ce canton.

11 février 1788. — Je vais voir le magasin des porcelaines de la fabrique royale de Naples; il contient des figures de toutes sortes; on y conserve plusieurs antiquités, et particulièrement une Vénus *alle belle chiappe*, qui par plusieurs est mise au-dessus de la Vénus de Médicis de la galerie de Florence.

12 février. — Toujours même vent et même impatience. Ecrit à Mme Vionnet (sa sœur) une lettre que Lefévre a dû porter à Rome pour le prochain courrier; j'y annonce mon départ pour la Sicile.

13 février. — Enfin le vent change, je m'embarque à huit heures et demie; avant que les autres passagers soient arrivés, que le capitaine soit allé prendre les derniers ordres du major et autres retards, nous n'avons levé l'ancre et nous ne sommes partis qu'à onze heures du matin.

Nous sommes sortis très promptement du golfe, et à neuf heures du soir nous avions fait la moitié du chemin, tant le vent était fort et favorable; mais tout à coup il nous a manqué complètement, alors nous avons cheminé très lentement.

Au lieu d'arriver le quatorze comme nous comptions, nous ne nous sommes trouvés en vue de Palerme que le quinze, à la pointe du jour; avec le vent contraire nous avons été forcés de louvoyer.

Sur les neuf heures, l'air a fraîchi et nous a facilité l'entrée du golfe, et enfin du port, où nous avons jeté l'ancre à midi, après le voyage le plus agréable.

J'ai supporté passablement la mer; je n'ai souffert que le soir du premier jour; le second jour et surtout la matinée du troisième, je me suis très bien porté.

Notre capitaine Raty, gênois de nation, est un fort aimable homme, M. Lieutaut, mon compagnon de chambre, un fort bon garçon; nous avons eu pendant toute la traversée un temps doux et serein.

(Pour faire la traversée de Naples à Palerme ils avaient mis plus de cinquante heures par un beau temps. Aujourd'hui les bateaux à vapeur mettent quinze à seize heures par tous les temps.)

15 février. — Palerme est une belle ville, en plaine, environnée de très près par de hautes montagnes; elle se présente très bien quand on y arrive par mer et qu'on est près du môle.

Il y a deux superbes rues qui se croisent; et de la croisée de ces rues, qu'on appelle la place, on aperçoit les quatre portes de la ville.

Le climat de Palerme est très doux, parce que les montagnes le préservent des vents; mais pour la même raison, il est humide l'hiver.

Les choses les plus curieuses à voir sont : la promenade la Marina, sur le bord de la mer, rendez-vous de la société élégante; elle se termine par la Flora ou jardin public; le couvent de Saint-Martin; Sainte-Rosalie, et Bagheria où sont beaucoup de belles maisons de campagne.

Le Campo-Santo commencé par M. de Carraccoli, s'il est achevé suivant le projet, sera le plus beau d'Italie, il surpasserait de beaucoup celui de Pise.

Les plus belles églises sont Saint-Joseph, Saint-Dominique et la cathédrale (ou le Dôme) dédiée à Sainte-Rosalie, patronne des Palermitains, que l'on rebâtit actuellement sur un plan du chevalier Fuga.

Il laisse subsister dans la nouvelle église tout ce qui peut être conservé de la partie supérieure gothique, et fait rebâtir à neuf la partie inférieure à la moderne ce qui fait un très bel effet.

Il y a deux théâtres à Palerme ; dans l'un on joue des opéras en temps ordinaire, et des oratorios pendant le carême.

L'autre théâtre est pour les farces.

La noblesse palermitaine est extrêmement affable, et reçoit très bien les étrangers ; il y a beaucoup de très jolies femmes qui sont assez agréables, quoiqu'elles ne soient pas très spirituelles.

Les Capucins ont leur église et leur couvent à une distance d'un mille de la ville, en belle situation, avec un magnifique jardin où sont des citronniers et des orangers. Au-dessous de l'église est le cimetière où les corps sont conservés après avoir été desséchés ; beaucoup de nobles s'y font enterrer.

23 février 1788. — Parti pour Saint-Martin, couvent de Bénédictins. Ces religieux sont fort riches et reçoivent très bien les étrangers qui viennent les visiter dans leur solitude. On dit qu'ils y sont obligés par les règles de leur fondation ; dans tous les cas, ils s'acquittent de leur obligation d'une manière honorable. Ils leur donnent à dîner splendidement, et reçoivent à coucher tous ceux qui sont dans ce cas ; les femmes ne sont pas admises. Ils ont fait bâtir dans un endroit très sauvage, un superbe palais au lieu même où était leur ancienne habitation.

La façade n'est qu'ébauchée, ainsi que les cours et les jardins ; jusqu'à présent ils n'ont pensé qu'à l'intérieur le plus urgent.

On trouve en entrant un grand péristyle avec vingt-quatre colonnes et douze pilastres, un bassin de fontaine en marbre de Sicile fort beau, ainsi que le pavé en mosaïque.

Au fond, est une statue équestre de saint Martin, donnant à un pauvre la moitié de son manteau. Cette œuvre capitale, tout en marbre blanc, est considérée comme le chef-d'œuvre d'un sculpteur palermitain dont le nom m'est inconnu.

Un escalier à double rampe, tout en marbre, est véritablement étonnant ; il ne cède en magnificence qu'à celui de Caserte ; les plafonds sont peut-être plus beaux. Il s'élève jusqu'au second étage, à un autre vestibule, également revêtu de marbre avec colonne, etc... Au premier on trouve d'un côté le salon de l'abbé, vaste pièce très bien décorée, qui communique avec ses appartements, où sont des tableaux de prix entre autres un Raphaël, etc.....

De l'autre côté se trouve le dortoir au fond duquel on aperçoit une belle fontaine de marbre.....

Ces moines ont de l'eau en abondance dans tous les coins de leur maison. L'église est grande et d'une noble simplicité ; on y voit six tableaux de Raphaël et une madone du Titien.

L'orgue est un des trois fameux d'Italie pour la force la justesse et la diversité des sons ; nous l'avons entendu avec le plus grand plaisir ; les deux autres sont à Catane et à Mantoue. Ils ont une bibliothèque bien choisie de 34,000 volumes, dans une salle qui peut en contenir 50,000. Il y a beaucoup d'anciens manuscrits et des éditions des premières épreuves de l'imprimerie.

Ils ont aussi beaucoup de médailles siciliennes.

En revenant nous avons vu beaucoup de belles maisons de campagne dans des situations magnifiques en vue de la ville et de la mer.

Je suis logé à Palerme chez Barotti, plus connu sous le nom de sa femme la Montagna ; c'est la seule auberge passable et c'est beaucoup dire. On y est médiocrement, ou plutôt mal servi, et si mal nourri que des gens officieux nous engagent et nous obligent à dîner chez eux tous les jours, plutôt que de nous laisser manger à l'auberge. Pendant mon séjour à Palerme, je n'ai pas pu y dîner une fois.

Monsieur Vella m'a fait promettre, à mon arrivée, d'aller chez lui toutes les fois que je ne serais pas prié ailleurs, comme faisaient mes compatriotes Lieutaud et Pondrel, je n'ai pu y aller que deux fois.

25 février 1788. — Je suis allé ce matin me promener à Montréal, petite ville à 3 milles de Palerme ; il n'y a de curieux que la vue qui est superbe et l'église des Bénédictins, très ancienne, du style gothique, aussi belle que les plus belles de Palerme ; on y voit d'antiques mosaïques, dont une surtout est très renommée ; elle représente le Père Eternel.

(Grande description de l'église et du monastère.)

26 février. — Je suis allé ce matin à cheval, avec le secrétaire de M. Gamelin, à la Bagheria ; c'est un quartier à 10 milles de Palerme, où la plus grande partie des seigneurs ont leur maison de plaisance ; on en distingue particulièrement deux :

Celle du prince de Palangonia, remarquable par le mauvais goût qui règne partout ; le propriétaire s'est étudié à y placer ce qu'il y a de plus original et de plus bizarre en tout genre ; il n'y a peut-être pas de palais où il y ait autant de statues, mais elles sont épouvantables : ce sont autant de monstres plus hideux les uns que les autres. Le susdit prince y a placé un argent prodigieux, qui aurait pu servir à décorer richement et raisonnablement trois ou quatre palais plus grands que le sien.

En sortant de cette villa, on est bien dédommagé, quand on entre dans celle du prince Valguamera, qui brille par sa noble simplicité. Une entrée majestueuse conduit dans une cour décorée de portiques dans le genre de la place Saint-Pierre de Rome ; l'intérieur n'est pas chargé d'ornements, mais fort bien orné de peintures champêtres. La maison est entourée de belles terrasses, d'où l'on jouit d'une jolie vue qui s'embellit encore lorsqu'on monte à un pavillon construit sur une éminence en forme de pain de sucre, dominant tout le panorama des environs, qui comprend Palerme, la mer, Sainte-Rosalie et les montagnes.

Toute cette région est très vivante au mois de mai, temps où les nobles sont en villégiature.

27 *février*. — Parti de Palerme à une heure du matin, dans une esperonnade maltaise, conduite par sept braves marins, qui, aidés d'un très beau temps, m'ont amené à Messine en trente-quatre heures sans perdre de vue les côtes de Sicile par une mer presque toujours calme ou légèrement agitée par un vent favorable.

Le mont Etna, ou Gibel, montre sa tête au-dessus de toutes les autres montagnes ; il est couvert de neige et la saison n'est pas bonne pour y monter ; il ne jette point de feu, chose rare.

A gauche, j'ai laissé les îles Lipari, dont la dernière, Stromboli, vomit continuellement des flammes.

Le détroit de Messine, si fameux dans la poésie des anciens, ne m'a rien présenté d'effrayant ; j'ai passé sous le phare et doublé le cap sans que la mer fût en courroux.

Si le village de Scylla n'existait pas sur la rive de Calabre, il n'y aurait plus aucune trace des vieux Charybde et Scylla.

En entrant dans le détroit, on aperçoit Messine qui, de loin, présente un aspect imposant, beaux restes de son ancienne grandeur; de près le spectacle change.

Le fort est considérable, mais la Marina, qui était autrefois bordée de magnifiques constructions à trois étages, ne présente plus qu'un triste tableau, résultat des tremblements de terre de 1783.

On démolit ce qui reste encore debout, de peur que les murs lézardés ne tombent eux-mêmes et ne causent de nouveaux accidents.

Dans l'intérieur de la ville, c'est encore plus affreux ; on ne voit que des maisons à moitié détruites, qui rendent ce séjour encore plus horrible que je ne m'y attendais. La tristesse de cette ville dépasse les descriptions que j'avais entendues ; à peine quelques bâtiments ont été épargnés ou reconstruits.

Le plus grand nombre des Messinois se sont établis dans des cabanes de bois, qui annoncent la misère et la crainte. En marchant dans les nouveaux quartiers, on se croirait dans un village de Savoie des plus tristes et des plus sauvages.

A toutes les portes de la ville on voit de ces constructions misérables, dans lesquelles se sont réfugiés les habitants de cette fameuse Messine, qui comptait plus de 30,000 âmes.

M. de Chapeau-Rouge m'a dit qu'il avait péri plus de 900 personnes dans ce dernier cataclysme.

(Cette déclaration est bien différente de celle du guide Joanne (1879), où l'on trouve cette phrase : « Messine a été ravagée plusieurs fois par les tremblements de terre, celui de 1783 fit périr 40,000 personnes. » Cela s'applique probablement à toute la région.)

1er *mars 1788.* — Je suis resté trois jours à Messine, et je ne vois rien autre chose à signaler que le port, un des plus sûrs et des plus vastes de la Méditerranée, la situation qui est charmante et le fort qui peut contenir 1,000 pièces de canon.

Il n'y a pas d'autre spectacle qu'un théâtre de marionnettes assez plaisant ; on dit qu'en carnaval on s'y est fort amusé !

Dans ce moment, la société y manque entièrement ; l'éloignement des habitations empêche les Messinois de se voir ; ils sont séparés par la ville entière qui est en ruine. Ils habitent, comme je l'ai dit, des baraques en dehors des portes, et ne peuvent pas les élever au-dessus du rez-de-chaussée, l'intention du gouvernement étant qu'on rebâtisse Messine dans ses anciens murs.

Autrefois la Marina ou le port était le rendez-vous des voitures, il y en avait à peine vingt dimanche et le temps était beau. (Aujourd'hui Messine est reconstruite entièrement à neuf.)

4 mars. — Ayant été content de mes sept marins maltais, je les ai arrêtés de nouveau pour me ramener à Naples dans leur esperonnade, en passant par Reggio.

· Nous partons à neuf heures du matin et nous traversons le détroit en deux heures. Cette ancienne ville a été si complètement détruite par le tremblement de terre de terre de 1783, que l'on s'est décidé à tout raser pour faire une ville neuve sur le plan de Turin, mais ce plan ne s'exécutera pas de sitôt, faute d'argent.

· En attendant, les riches habitants se sont retirés dans leur terre, et d'autres ont bâti de fort jolies baraques en dehors de la ville.

Les pauvres se sont logés comme ils ont pu, c'est-à-dire fort mal, car la misère est encore plus grande à Reggio qu'à Messine.

On y compte 12,000 habitants. (On en compte 35,000 aujourd'hui dans la nouvelle ville, 1888.)

Le pays produit des soies, des limons et de l'essence de bergamotte.

Après avoir dîné chez M. Cimino, je voulais partir, mais le temps était orageux ; il n'était pas prudent de passer le Phare pendant la nuit. (Le Phare est un des noms du détroit de Messine.)

Il fallut donc rester, ce qui m'a permis de bien voir la ville qu'on commence à rebâtir, ainsi que les environs.

La situation de Reggio est des plus agréables, la vue est charmante.

Elle s'étend sur le Phare, Messine, le mont Gibel et une grande partie de la Sicile. Sans les tremblements de terre, ce serait un délicieux séjour. La chaleur de l'été est tempérée par les courants d'air du détroit.

Deux légers tremblements de terre, le 29 janvier et avant-hier 2 mars, ont été ressentis de même qu'à Messine ; étant à la campagne, je ne m'en suis pas aperçu.

5 mars 1788. — Nous quittons Reggio à cinq heures du matin, par un temps couvert, nous passons en vue de Messine, nous traversons le Phare, nous étions en dehors du détroit à dix heures.

Comme il faisait du vent et que la mer était grosse, j'ai pu observer les courants qui rendent ce passage difficile dans les gros temps; mais pourtant pas autant qu'on le dit, il n'y a rien à craindre pour de bons pilotes.

Nous avons passé devant Scylla, ville qui a souffert aussi beaucoup des secousses de 1783, qui lui ont fait perdre un tiers de ses habitants. Bagnera de même.

Là, des montagnes se sont écroulées, des fleuves ont disparu; ailleurs, des lacs se sont formés, sur toute la côte de Calabre, on voit des traces de cet affreux cataclysme.

Le temps étant toujours sombre, et la mer forte, à la tombée de la nuit, nous avons pris terre à Tropea. Cette ville, à la cime d'un rocher fort escarpé, se trouve bien délabrée; il y a plusieurs couvents et peu d'habitants.

6 et 7 mars. — Le vent contraire ayant continué, nous n'avons pas pu partir. Je suis réduit à faire de grandes promenades pour me désennuyer. J'ai parcouru le pays aux environs; il est bien cultivé, quoique les habitants paraissent fort misérables.

Le vent d'ouest est fort et la mer toujours grosse, ce qui me donne peu d'espoir de quitter cette côte, même demain samedi.

Une autre barque venant de Messine, se trouve dans le même cas; il y a dedans un moine et un chanoine, qui ne me paraissent pas d'une grande ressource.

Je mange, je lis, j'écris, je dors dans mon esperonnade, que mes matelots ont tirée sur la rive, comme si j'étais

à l'auberge. Malgré ça, j'attends avec impatience le changement de temps pour m'en aller, quoique la végétation soit de
deux mois en avance sur notre climat lyonnais.

8 mars 1788. — Même histoire que les jours précédents;
le vent qui était à la traverse a bien voulu changer, mais pas
en bien; un sirocco très violent ne nous invite pas à partir.

Le soir, il arrive une autre esperonnade contenant un
noble sicilien et son domestique; ils font pause à côté de
nous.

9 mars. — Dimanche même vent; temps nébuleux, marée
haute; de sorte que notre séjour est encore prolongé; je vais
me promener avec les ecclésiastiques siciliens, mais j'aime-
rais mieux m'en aller.

Pour me distraire, je vois fabriquer les fameuses couvertures de coton dites de Naples; elles se font toutes à Tropea,
ou dans les environs. Il y a des métiers dans toutes les
maisons; les plus belles se font dans la ville, elles sont
chères même sur les lieux; le bénéfice des marchands qui
les exportent se fait sur la largeur; ici, elles ont toutes cinq
largeurs, celles qu'on vend en France n'en ont que quatre.

10 mars. — Enfin! le temps paraissant convenable, nous
nous embarquons: les prêtres en font autant; quant au
baron palermitain, il attend des compagnons de route.

Nous partons à trois heures du matin; avec l'intention de
couper droit, mes conducteurs s'éloignent du rivage et
rament pendant cinq heures; mais tout à coup le vent
devient contraire, et nous force de revenir sur nos pas, en
mettant à la voile; nous rabattons ainsi sur Rochetta, petite
ville située à 12 milles seulement de Tropea, d'où nous

étions partis. Nous y débarquons à midi ; le moine et le chanoine siciliens ont disparu.

Rochetta est entièrement renversée par le tremblement de terre.

La maison Pignatelli-Monteleone, qui possède ce fief, a fait reconstruire quelques baraques pour loger une partie des habitants.

Je trouve là, un Français, M. Cauvin de Marseille, agent du duc de Monteleone, qui me fait entrer chez lui comme compatriote et m'offre à dîner.

A sept heures du soir, le ciel étant serein et le vent frais, nous repartons à la voile ; la nuit a été fort belle et nous avons bien marché jusqu'à deux heures du matin. Alors le vent cesse, mes matelots prennent la rame, pendant quelque temps. Ils marchent alternativement à la rame et à la voile.

Sur les dix heures, le vent toujours favorable devient tellement fort, qu'il soulève prodigieusement la mer, et que pendant deux heures, nous sommes toujours inondés au point que nous étions complètement mouillés ; les matelots étaient sans cesse occupés à enlever, avec des éponges et même avec des seaux, l'eau qui remplissait la barque.

A midi l'orage ayant cessé et nous étant rapprochés de la côte, nous avons continué fort heureusement notre route. Nous avons retrouvé nos compagnons, les prêtres siciliens, qui, ayant suivi le rivage, se reposaient à Belvédère, d'où nous sommes venus ensemble jusqu'à Cirelle, où nous devons passer la nuit sans savoir si nous en partirons demain.

La ville de Cirelle était située autrefois sur une montagne très élevée ; il en reste à peine quelque murs épargnés par le fléau.

12 mars 1788. — Après avoir dormi dans la rade de Cirelle, nous en partons à sept heures du matin ; nous traversons le golfe de Policastro, nous avons eu bon vent pendant une heure, mais la mer devient grosse, et à force de rames nous arrivons à cinq heures du soir dans une petite rade, au milieu des rochers, où nous mettons pied à terre, nos marins ayant grand besoin de repos, après avoir ramé toute la journée par un temps chaud et lourd ; le vent du midi ayant assez de force pour échauffer l'atmosphère, mais pas assez pour nous pousser.

Dans la nuit le temps change, se met à la traverse qui nous amène une pluie abondante ; elle cesse à deux reprises le matin ; à peine nous disposions-nous à partir, qu'elle reprend encore ; cependant à sept heures et demie nous partons en quittant cette rade, nommée Linfreschi.

Mais à peine avons-nous fait un mille, que nos matelots, effrayés par des vagues menaçantes et un nuage énorme que poussait vers nous le vent contraire, sont obligés de virer de bord ; nous vîmes alors le plus bel arc-en-ciel que j'ai vu de ma vie ; le demi-cercle était complet et ses couleurs des plus vives.

La barque des Siciliens qui nous suivait imite notre manœuvre, et nous rentrons avec ensemble dans la rade de Linfreschi que nous venions de quitter.

Nous sommes réduits à passer la journée et la nuit dans ce beau port de mer, d'où il n'y a pas moyen de sortir pour se promener sur des rochers à pic entourés d'affreux précipices. Il n'y a qu'une maison de paysan où nous trouvons des œufs pour tout potage.

14 mars. — Le lendemain matin, à sept heures, nous nous acheminons du côté de Naples ; après avoir ramé l'espace

de 12 milles; un vent de sirocco bien désiré nous fait tendre nos voiles, et souffle dedans avec tant de force qu'il nous amène à Naples le soir même, avec une rapidité incroyable et surtout inaccoutumée.

Nous entrons dans la rade à neuf heures du soir, après avoir franchi 150 milles. Mais nouveau contre-temps ! personne n'entre par mer dans Naples pendant la nuit ; nous voilà donc forcés de jeter l'ancre encore une fois, et de passer encore une nuit dans la barque.

15 mars. — L'inspecteur de la santé nous fait attendre toute la matinée ; enfin à onze heures nous mettons le pied sur la terre ferme, après un voyage assez long et assez mouvementé.

Je revois Naples avec un sensible plaisir, et je trouve avec une joie encore plus grande de bonnes nouvelles de ma famille qui s'y étaient accumulées. (Depuis le 13 février, jour de son départ pour Palerme, il avait pensé que son voyage de Sicile serait de quinze jours ; il avait duré plus d'un mois.)

Parti de Messine le 4 mars, arrivé à Naples le 15, il avait mis onze jours pour un trajet qui peut se faire maintenant en une journée, il est vrai qu'il avait vu le pays autrement qu'on le voit aujourd'hui ; il y a bien peu de touristes de nos jours qui connaissent les fabriques de couvertures de Tropea, les rades de Policastro et de Linfreschi, etc.)

17 mars. — Je séjourne à Naples trois jours (15, 16, 17) employés en écritures, courses et visites.

On ne peut entrer à Naples, ni en sortir, ni voyager dans tout le royaume sans un passeport; on ne peut pas non plus prendre la poste sans une permission spéciale. L'un et

l'autre se donnent sur un billet de l'ambassadeur de la nation du voyageur, et chose rare, cela ne coûte rien !

18 mars 1788. — J'avais retrouvé ma chaise. Je pars de Naples à midi et crac! Au milieu de la ville la dent de loup d'un de mes ressorts se casse; il faut donc s'arrêter et la faire raccommoder sur-le-champ ; cela fait, le reste du voyage se passe sans accident.

Nuit et jour je cours la poste sans m'arrêter et je me trouve à la porte de Rome le lendemain, à trois heures et demie du soir, ce qui fait vingt-six heures et demie de la porte de Naples à la porte de Rome.

Le chemin est très beau de Naples à Albano, mais il m'a fallu quatre heures pour les deux dernières postes, les chemins étant gâtés par les pluies; à chaque instant je craignais de sentir ma chaise se briser.

19 mars. — J'entre croyant trouver en arrivant un *Lascia-passare* que Détournes m'avait promis; je ne le trouve pas à la poste. Il faut donc aller à la Douane, où le visiteur fort heureusement fait semblant de me visiter, en m'expédiant fort gracieusement.

Je me loge dans la rue Frattina en chambres garnies, à peu près dans le même quartier que la première fois.

20 mars. — Jeudi-Saint, grande cérémonie à la chapelle du Pape au Vatican ; office, lavement des pieds, bénédiction sur la place Saint-Pierre qui offre vraiment le plus beau coup d'œil, par le spectacle auguste qu'elle présente et la foule qui la reçoit.

Le Pape se présente au balcon du milieu sous un dais, assisté de plusieurs cardinaux, au son des cloches et des canons du château Saint-Ange ; il bénit le peuple à trois reprises.

Le soir de ce même jour et le lendemain, Vendredi-Saint, grand concours dans l'église de Saint-Pierre pour voir l'illumination de la basilique, par une grande et unique croix embrasée, suspendue au-dessus du maître-autel. C'est un bel effet que des peintres viennent copier.

22 mars. — Vendredi et Samedi saints ; office le matin dans la chapelle du Pape, on chante aussi les trois jours, mercredi, jeudi et vendredi les ténèbres suivies d'un miserere, auquel les maîtres de chapelle concourent à l'envi.

23 mars. — Le jour de Pâques, grand'messe aussi solennelle que le jour de Noël, chantée à Saint-Pierre par le pape Pie VI, avec le même appareil ; comme le Jeudi-Saint bénédiction sur la place, *urbi et orbi* ; il y avait encore plus de monde et le coup d'œil était encore plus beau.

Le soir, part la girandole ; c'est un feu d'artifice qu'on tire du château Saint-Ange, dont les dessins ont été donnés par le cavalier Bernin et d'autres grands artistes ; la situation et la quantité de poudre qu'on y brûle se réunissent pour en faire un très beau spectacle. On le tire encore le jour de la Saint-Pierre, mais de plus ce jour-là, toute la coupole est illuminée à l'extérieur par des feux qui, plusieurs fois et presque instantanément, changent de couleurs. C'est d'un effet saisissant.

25 mars. — Le jour de l'Annonciation, le Pape se rend en cérémonie à l'église Santa-Maria-sopra-Minerva (ainsi nommée parce que l'église est bâtie sur l'emplacement de l'ancien temple de Minerve) où se chante une grand'messe à l'issue de laquelle il donne la bénédiction nuptiale à un certain nombre de jeunes filles qu'il dote en même temps.

Du 26 mars au 6 avril 1788. — Vu la villa Pamphili, du prince Doria, etc. ; la villa Ludovici, le casino Cossini, etc.

Revu la villa Borghèse, etc.

Vu la villa Farnesine dont on emporte ce qu'il y a de plus beau pour le musée de Naples, entre autre le taureau Farnèse, groupe le plus considérable de l'antiquité.

Vu le palais du Pape à Monte-Cavallo (le Quirinal), où se trouve la Sainte Pétronille, du Guerchin, etc.

La galerie Doria... L'Eglise Sainte-Croix de Jérusalem... Saint-Martin des Carmes et Saint-Pierre-in-Vincoli sont de belles églises qui ailleurs qu'à Rome passeraient pour des merveilles. La fabrique de tapisserie de Ripa grande sur le plan des Gobelins, mais moins belle.

Revu le château Saint-Ange, etc.

6 avril. — (En compagnie de trois personnes il fait un second voyage de Tivoli sur lequel il donne moins de détails que la première fois.)

7 avril. — On trouve aux notes de sa correspondance : Réponse à la lettre de mon père du 28 mars (Cette lettre avait été plus de douze jours en route); prière d'adresser la réponse à Gênes poste restante... Il a neigé dans les montagnes dimanche, il paraît que l'air se radoucit. On en a grand peur pour la récolte des soies mais on espère aujourd'hui que ce froid passager ne fera pas de mal.

Ecrit à Mme Jordan Périer (sa tante) et M. Vionnet (son beau-frère), à qui j'envoie trois de mes portraits, dans une boite à son adresse pour remettre à ma mère et à mes sœurs. (Quels pouvaient bien être ces trois portraits? Des camées coquilles probablement qui sont une spécialité de Rome.) Avis de mon départ fixé à demain.

10 avril. — Je pars, en effet, à minuit pour Sienne; je chemine toute la journée du 11 sans m'arrêter, et sans événement extraordinaire jusqu'à quatre heures après midi; tout à coup une des barres de fer qui soutiennent en dessous les ressorts de la chaise vient à se rompre à Saint-Laurent-le-Neuf, près d'Orviéto; il faut démonter le ressort, le raccommoder et recharger, ce qui prend une heure; je me remets en route; je voyage toute la nuit et j'arrive à Sienne sans accident, à dix heures du matin, le samedi 12.

12 avril. — Sienne est une petite ville de 18,000 âmes, située sur la hauteur avec une vue fort étendue. Le pavé y est formé de briques posées sur champ jointes par un fort mastic, contrairement à ceux de toutes les autres villes de Toscane qui sont à larges dalles à joints irréguliers.

Ce qu'il y a de plus remarquable, c'est la cathédrale qui date de 1630; elle est d'une très belle architecture gothique; on y admire une mosaïque en marbre noir et blanc, qui représente les traits principaux de l'Histoire sainte.

Logé chez Marchi sur l'adresse donnée par Sauveur Marotti. La société y est fort agréable, on y reçoit très bien les étrangers; le langage y est très pur; beaucoup d'Anglais vont y passer l'été, pour se perfectionner dans la langue italienne.

On prétend, mal à propos, que Sienne a été fondée par Remus, frère de Romulus; elle doit son origine aux Gaulois, qui, sous la conduite de Brennus, firent le siège de Rome et se retirèrent sur ce point lorsque Camille les repoussa en 354 de la fondation de Rome.

Une des curiosités de Sienne est le manège, qui est très bien monté, où l'on fait faire aux chevaux tous les exercices possibles. (Cette observation sur le manège de Sienne ne pouvait être faite que par un amateur de chevaux; elle me rappelle que mon grand-père était très bon cavalier. Je me souviens à peine de l'avoir vu monter à cheval, mais je sais qu'il montait souvent avec ma mère avant son mariage. Par suite de cette ancienne habitude, il a toujours conservé dans son écurie un cheval de selle, même à Lyon, sur la place Tolozan, que mes oncles avaient surnommé le bidet paternel. De 1825 à 1835, il n'y avait que moi pour le monter; mais les bottes à revers jaunes de mon grand-père étaient toujours soigneusement entretenues dans son vestiaire, comme s'il allait s'en servir; car à cheval elles étaient obligatoires avec les culottes courtes, qu'il a toujours portées.)

14 avril 1788. — Départ de Sienne à sept heures du matin, arrivé à Florence à cinq heures du soir sans aucune particularité.

15 avril. — Revu Florence..... La chapelle S. Lorenzo qui n'est pas terminée et qui coûte déjà plus de 9 millions de livres tournois.

16 avril. — Revu le jardin di Boboli, plus intéressant au printemps qu'au mois de novembre. Logé à Florence chez Vincent Girotti, place Saint-Pancrace, adresse donnée par Schulteiss.

17 avril. — A cinq heures du matin, je suis parti pour visiter la fabrique de porcelaine de la famille Genori, moins importantes que celles de Sèvres et de Naples, qui appartiennent à des souverains; j'y ai vu avec grand intérêt tous les détails de la fabrication. Au retour, je suis monté à cheval pour aller à Pratolino, maison de plaisance du Grand-Duc, à 7 milles de Florence, on y voit des jeux d'eau très curieux.

On voit aussi à Pratolino le fameux colosse de Jean de Bologne, il a 35 brasses de hauteur (la brasse est 1/2 aune), je suis entré dans le cou et dans la tête.

Revu le dôme de Florence..... très belle vue du sommet de la coupole plus agréable encore que celle de Rome.

18 avril. — Départ de Florence à six heures du matin, arrivé à Livourne à quatre heures et demie du soir, sans autre aventure que celle d'un cheval de brancard qui s'est abattu en partant de la poste de Cassel del Bosco, et m'a tenu là une demi-heure; pour le dégager, il a fallu couper une des sangles de la sellette.

Les douanes du Grand Duc sont très rigoureuses, soit à l'entrée soit à la sortie, on est venu me visiter à l'auberge, et très sérieusement.

20 avril. — Partie sur mer avec Ubrich et les deux fils Dupouy, pour voir le fanal et la tour del Marcosso, toute en marbre, qui a 140 degrés jusqu'au sommet.

24 avril. — Autre promenade sur mer avec Ricard Fascio, fils du premier complimentaire de Berte (premier fondé de pouvoir), nous allons dans un bâtiment anglais chargé pour le compte de sa maison, la Minerva, à trois mâts.

25 avril 1788. —Vu la fabrique de corail et les cimetières des différentes nations et religions ; la synagogue des juifs est très belle. Les grecs schismatiques font aujourd'hui leur vendredi-saint ; j'ai assisté à une partie de l'office qu'ils font en grec, avec beaucoup d'appareil.

26 avril. — Ayant reçu ce matin de Lyon des lettres conformes à mes désirs, je me décide à prendre une felouque et m'embarquer pour Gênes.

27 avril. — J'arrête la felouque du patron Fiore de Lerici, sur laquelle je monte le 27 au soir, chargeant avec moi ma chaise.

Après un trajet de cinquante heures, pendant lequel j'ai toujours eu la mer calme ou le vent contraire, je suis arrivé à Gênes à force de rames.

(Maintenant le même voyage se fait en cinq ou six heures.)

29 avril. — Je suis entré dans le port le 29, à neuf heures du soir ; il a fallu y passer la nuit et débarquer seulement le mercredi à huit heures du matin.

Les faquins ou crocheteurs de Gênes sont de la plus grande insolence ; il faut faire prix avec eux pour le transport de vos bagages et équipages, et comme on ne peut pas se servir d'autre ministère que du leur, ils rançonnent d'importance les voyageurs sans qu'ils puissent s'y opposer.

30 avril. — Passé en arrangements et visites.

1er mai. — On entend à pareil jour dans toutes les rues de Gênes, les tambours, les trompettes et autres instruments, à la porte de tous les nobles ; cet usage paraît assez généralement répandu dans beaucoup de villes d'Italie.

Le doge en grande cérémonie, accompagné des Sénateurs, se rend en dehors des murs à la grand'messe dans l'Eglise de Saint-Jacques et de Saint-Philippe, occupée par des religieuses.

Après la messe il entre dans le couvent et fait son compliment à l'abbesse avec force salutations à l'illustrissima Signora.

Je suis allé à cette petite fête avec le marquis de Grimaldi ; de là nous avons visité le casino d'Hippolyte Durazzo, situé sur les anciens remparts, d'où l'on a une vue magnifique sur la ville, la mer et la campagne.

Visité l'hôpital administré par douze nobles, qui contient 1,300 malades, tous couchés dans des lits séparés (ce qui n'existait pas en France à cette époque). Ces nobles sont chargés gratuitement de toute l'administration et sont tuteurs des orphelins, cette charge ne se refuse jamais.

2 mai. — Une des merveilles de Gênes est le pont Carignan, construit aux frais de la famille Pauli pour joindre deux montagnes.

(Description de Gênes et de ses environs.)

Tous les environs sont garnis de maisons de campagne entre la ville et la montagne ; l'aspect en est ravissant quand on arrive par mer.

3 mai 1788. — Aujourd'hui grande fête pour le peuple génois ; c'est le jour des Carasses. Cette cérémonie se faisait autrefois le Jeudi-Saint ; elle consiste à aller visiter dévotement la cathédrale en procession, en portant l'image du saint patron sur un brancard, ou caisse dite carasse. Peu à peu cette institution dévote est devenue une affaire d'appareil ; on a pensé qu'il valait mieux ne pas la faire le Jeudi-Saint ; on a donc jugé convenable de la transporter au jour de l'Invention de la Sainte-Croix.

Vingt et une confréries de pénitents s'acheminent en procession chacune à leur tour, au son de la musique (qui n'est pas toujours excellente), portant en triomphe leurs carasses ornées de fleurs et de bougies où l'on voit jusqu'à cinq ou six statues travaillées par de bons maîtres ; l'une d'elles était éclairée par quatre cent cinquante bougies.

Ces processions durent depuis trois heures après midi, jusqu'à une heure après minuit. Ce qu'il y a de plus curieux, c'est de les voir monter les escaliers de Saint-Laurent (la cathédrale) parce que ceux qui portent la croix et la carasse se font un point d'honneur de les monter en courant.

Le plus intéressant dans cette fête c'est le concours immense qu'elle attire, et l'air de jubilation qui règne sur tous les visages ; on prétend que les Gênois deviennent tous fous ce jour-là.

5 mai. — Dîné à la campagne de Jean-Luc Durazzo ; c'est un fort beau palais sur le bord de la mer avec un grand jardin, pour Gênes.

Plusieurs nobles et négociants ont établi à la Poncevera, un casino fort agréable, on y joue, et deux fois par semaine on y danse.

6 mai. — Course à Peggi, où l'ex-Doge Lomellini a sa maison de campagne, un vrai bijou qui ne resemble en rien aux autres. Le jardin est petit, on se croirait dans un parc immense. L'art y paraît peu quoiqu'il y en ait beaucoup. Il y a un désordre qui plaît, les arbres semblent posés au hasard.

On voit une île où l'on aborde par des ponts plus grands que l'île. D'un autre côté se trouvent un théâtre de verdure et une salle de bal avec jardins et statues, etc. Le palais est bien distribué et orné de belles peintures.

Le prince Doria possède près de là une maison de plaisance peuplée d'orangers, de citronniers et de cèdres, son théâtre est fort joli et ses tableaux magnifiques.

L'église de la Madone-des-Vignes est grande, belle et bien décorée ; on voit ici beaucoup de marbre de Carrare ; ils sont à bas prix car il y en a des montagnes entre Gênes et Livourne, sur le bord de la mer.

A Livourne toute la ville est port franc, il n'en est pas de même à Gênes. Ce qui se consomme dans la ville paie des droits à la République ; mais il y a sur le port des magasins de port franc où toutes les marchandises sont mises en entrepôt, et sortent librement par mer ; ces magasins sont une curiosité de Gênes.

Le port est très beau mais pas complètement à l'abri des vents. Le dôme de Saint-Laurent est grand ; l'église de l'Annonciation est riche, celle de l'Oratoire de Saint-Philippe est petite mais de bon goût.

Le palais de Jérôme Durazzo, rue Balbi est le plus grand de Gênes, orné de belles statues antiques et modernes et de tableaux choisis, entre autres la Magdeleine aux pieds de Notre-Seigneur, par Paul Véronèse, le plus beau de Gênes.

6

9 mai 1788. — Vu l'albergo dei Poveri, avec M. de Grimaldi, pour les pauvres et les orphelins. Il est immense, il
n'y a pas de ville aussi charitable que Gênes, mais il n'y en
a pas non plus où les pauvres soient si misérables et aussi
importuns.

12 mai. — Dîné à la campagne chez Mayster à Rivarole.
Ils louent un appartement au quatrième étage, et ils appellent cela être à la campagne, il est vrai que le voisinage du
Casino fait que sur ce point les locations sont très recher-
chées.

12 mai. — Autre partie chez Cambiaso (Charles) qui
loue le palais Spinosa de l'autre côté de la Poncevera; c'est
un des plus beaux et des mieux situés.

13 mai. — Départ de Gênes à une heure après midi,
arrivé à Novi à huit heures et demie; route très agréable
dans cette saison, bordée de palais superbes et de sites
délicieux.

14 mai. — Séjour à Novi, avec très mauvais temps.

15 mai. — Parti de Novi à cinq heures du matin, arrivé
à Pavie à une heure et demie.
Les douaniers impériaux sont très rigoureux; ils ont
visité ma voiture et mes bagages avec le plus grand détail;
ils m'ont tenu à la porte une heure et demie avant de me
laisser entrer, quand ils ont bien vu que je n'avais rien de
suspect.
Un ambassadeur d'Espagne qui vient de passer, il y a deux
jours, a subi la même cérémonie, sans égard pour sa
dignité.

15 mai. — Dans Pavie, ce qu'il y a de plus remarquable, c'est l'université que l'Empereur Joseph II vient de rétablir avec une grande splendeur, en engageant la noblesse germanique à y envoyer ses enfants ; belles salles, belles collections et surtout, professeurs éminents.

Le château des rois lombards annonce l'antiquité de la ville.

En sortant sur la route de Milan à 5 milles de la ville, à droite, se trouve la fameuse et imposante chartreuse fondée par Jean-Galeas Visconti, duc de Milan en 1396.

La façade gothique de l'église est ornée d'une foule de statues d'un effet grandiose, elle paraît cependant un peu trop basse pour sa largeur.

L'intérieur de l'église est d'une magnificence qui frappe au premier coup d'œil ; et plus encore lorsqu'on examine les détails. Elle est construite sur les dessins du Dôme de Milan, mais elle est beaucoup plus claire ; elle l'emporte encore par la richesse. L'autel du milieu et ceux des huit chapelles latérales sont en mosaïques de pierres précieuses. Le premier a coûté, dit-on, 900 mille livres ; ce qui n'est croyable qu'après l'avoir vu.

Les Chartreux avaient des trésors immenses en calices et autres ustensiles d'église ; l'empereur Joseph II, s'en est emparé et a renvoyé les moines chacun chez eux, en les relevant de leurs vœux de sa propre autorité et leur donnant à chacun 100 doppées de pension, ce qui fait 2,000 livres tournois et 4,000 à l'abbé.

A leur place, on a mis une vingtaine de moines de Cîteaux, auxquels on fait une pension convenable.

On voit dans la sacristie, un ouvrage ancien fort précieux : c'est une mosaïque faite avec des dents de chevaux marins, représentant l'histoire sainte en septante petits tableaux, dont chacun contient un sujet. C'est un travail d'une délicatesse inouïe, qui fait l'admiration des connaisseurs.

On dit que c'est le monastère le plus somptueux du monde.

Après une visite d'une heure et demie, je suis remonté dans ma chaise et je suis parti pour Milan.

16 mai 1788. — Ne trouvant pas de place à l'hôtel Impérial, je me suis logé aux Trois-Rois, où je suis bien.

17 mai. — Milan est bien changé et bien embelli depuis quelques années. L'empereur Joseph II ayant supprimé beaucoup de communautés religieuses, on a ouvert beaucoup de rues nouvelles, larges et fort belles. Le cours de la porta Rauza, ou porte Orientale, est une promenade publique pas encore achevée.

On en fait une autre sur la place des Chartreux, ou concourent tous ceux qui n'ont pas d'équipages. Les dames et autres gens à carrosses viennent y faire un tour avant de se rendre au Corso.

Les beautés de Milan sont :

Le dôme, ouvrage immense qui ne sera jamais fini. Si le plan est complet un jour, ce sera d'un effet magnifique.

L'hôpital par sa grandeur, ses richesses et la manière dont il est administré, doit tenir un des premiers rangs parmi les institutions de ce genre.

Le cimetière appelé Fappone est curieux par la manière dont il est construit, ainsi que la grande église du milieu, en forme de croix grecque.

Le lazaret est immense; il est situé en dehors de la porte Orientale; il ne sert pas à grand'chose, mais il mérite d'être vu.

Le château est remarquable par ses fortifications; l'église Saint-Alexandre par ses richesses; il faut voir aussi la bibliothèque ambroisienne, le palais archiducal, le palais Beljoïoso, l'église Saint-Ambroise et autres.

Il y a de fort belles maisons de campagne aux environs entre autres celle de l'archiduc à Monza; la maison Busca à Castelago où il y a de très beaux jardins et des jeux d'eau que l'on compare à ceux de Frascati, mais qui ne les valent pas, à mon avis.

22 *mai*. — Jour de la Fête-Dieu, brillante procession à laquelle concourent tout le clergé séculier et régulier, une grande partie de la ville, les nobles, l'archiduc, l'archiduchesse et les dames; cette procession véritablement imposante se fait avec beaucoup de dignité et de respect.

25 *mai*. — Autre procession au château où tout le monde militaire assiste; elle était peu nombreuse aujourd'hui, les troupes étant presque toutes sur les champs de bataille de Hongrie.

25 *mai*. — Départ le jour même, dimanche à minuit, dans ma chaise, pour Casal et de Casal à Turin.

(Il fait un second séjour d'un mois à Turin, et pendant tout ce temps-là, il n'y a plus aucune note sur son cahier de touriste; mais, sur son livre de correspondance il est fait mention de quinze lettres écrites soit à son père, soit à Magneval pour les affaires de la maison, entre autres, la conclusion de l'affaire Cajoli.)

27 juin 1788. — Pris un voiturier à Turin pour me conduire dans le Piémont jusqu'à Nice, aux prix de 10 livres par jour et deux jours en sus pour le retour, à la condition de mettre au moins huit jours pour la tournée. (Il paraît qu'il n'y avait pas de maître de poste dans la direction qu'il voulait suivre.)

Passé à Raconnis, Pavillan, Saluces, Verzol, Castiglione, Busca, Mondovi et Coni, mis six jours à parcourir toute cette région.

1ᵉʳ juillet. — Parti de Coni pour les montagnes, à trois heures après midi ; couché à Limone.

2 juillet. — Passé le fameux col de Tende où le roi de Sardaigne a fait faire un chemin magnifique en adoucissant la pente autant que possible ; comme cette route n'est pas praticable l'hiver à cause des neiges, on a projeté de percer la montagne ; l'ouvrage est commencé...

3 juillet — Arrivé à Nice à midi ; cette ville n'a rien de remarquable, si ce n'est la douceur de son climat en hiver ; il y a une belle allée d'arbres qui forme le cours où l'on se rassemble le soir ; une terrasse au-dessus domine la mer. Le port est très petit. La marine du roi de Sardaigne s'abrite dans celui de Villafranca, assez voisin.

6 juillet. — Parti de Nice à trois heures du matin, passé le Var heureusement (en bateau), au bord duquel j'ai attendu plus d'une heure ; arrivé à Grasse à dix heures, où j'ai passé la journée.

Vu Antibes, d'Antibes à Grasse, chemin épouvantable.

Grasse est mal distribuée, elle est composée de mauvaises rues bien sales. Les oliviers qui l'entourent forment un beau coup d'œil et un beau revenu; la récolte d'huile produit 2,000,000 en moyenne par année.

On tire aussi, dit-on, 500,000 livres des fleurs qu'on cultive dans les jardins pour la parfumerie.

(Il passe ensuite à Draguignan, aux Arcs, où il voit les familles Fédon et Dain, à Brignoles et à Toulon.)

18 juillet. — Je pars le soir pour Marseille, où je suis arrivé à six heures du matin avec beaucoup de poussière.

Là s'arrêtent les notes du voyage de touriste ; il ne dit rien de son retour à Lyon.

Comme je l'ai dit en commençant, une grande partie de ses notes est relative aux affaires de commerce de la maison Jordan et à sa correspondance. Pour en donner une idée, je choisis quelques passages, les moins ennuyeux, qui peuvent rappeler les mœurs et usages de l'époque.

19 août 1787, de Turin. — Echantillons à demander, à Lyon, de satin pour broder, à la dernière mode, couleurs plutôt sombres ; on préférerait un façonné ou moucheté pour le prince Joujoupouf.

25 août, de Turin. — M. de Bianchi m'a annoncé une demande de lettre de recommandation pour la maison, en faveur d'un seigneur de la Cour de ses amis.

1ᵉʳ septembre, de Turin. — M. de Bianchi demande un satin moucheté dans le dessin de l'échantillon, en bleu et vert, pour habit, et deux paires de culottes pour lui ; si l'on est obligé de faire fabriquer, il serait bien aise de voir plusieurs échantillons qui craignent moins que le lilas.

26 septembre 1787, de Turin. — Autre commission de M. de Bianchi d'un habit et de deux paires de culottes jaune et bleue, ou autres couleurs sombres, à petites mouches, pour broder, avec une aune de satin blanc pour gilet, qu'il fera broder ici.

13 janvier 1788. — Le duc de Fragnito le prie de demander pour lui, à Lyon, deux habits de printemps, velours à la Reine, couleurs à la mode, proportionnées à son âge, sept aunes de chaque pour habit, veste et culottes, et deux vestes brodées assorties, le tout *ad libitum* et expédier à l'aise.

26 février, de Palerme. — Rien à faire en soie avec Palerme ; si l'occasion se présente de travailler en banque, j'invite à le faire avec Caillol, Nicaud et Cⁱᵉ, associés en commandite avec S. M. S. et Cⁱᵉ, de Marseille.

Rien à faire en commission, ni avec les marchands qui ne valent rien, ni avec la noblesse, qui paie horriblement mal, et qui, par ce fait, a ruiné les détaillants palermitains.

29 février, de Messine. — La maison Jacques et Silvestre Loffreda est dirigée par Silvestre, qui est sur le point de quitter les affaires ; il a acheté depuis deux ans un fief considérable de 150,000 écus de Sicile ; en attendant, il exécute volontiers les commissions qu'on lui donnera de compte à demi, mais il n'exécute plus rien pour compte.

3 mars, de Messine. — Charles-Antoine Loffreda m'a promis des expéditions de soie pour notre maison ; ce sont des gens fort aimables et très honnêtes.

D. Silvestre, leur cousin, m'a annoncé que par le courrier prochain il écrirait à la maison pour lui donner commission de trois robes de noce pour sa nièce, Mlle Picolo, qui doit se marier avec un signor cavaliere di Giovanni, des premières maisons de Messine. On s'en rapportera, dit-il, au goût de nos messieurs pour les couleurs et le prix, pourvu que ce soit à la dernière mode.

Ce D. Silvestre n'est pas Loffreda, mais Jacques Loffreda défunt, en lui donnant sa fille, l'a obligé à prendre son nom pour lui laisser son héritage.

17 mars, de Naples. — La princesse Ferolito ne s'est pas corrigée de son ancienne habitude d'être mauvaise payeuse, et surtout fort litigieuse, elle a cinq ou six procès sur les bras.

Le duc de Fragnito a été très satisfait de la commission du 13 janvier ; il m'en aurait compté le montant, mais le change est si défavorable pour lui, qu'il veut attendre quelques semaines encore pour voir s'il ne se bonifiera pas ; je lui ai dit qu'il était le maître. Que le change devienne meilleur ou non, il a promis de remettre la somme dans un mois ; ce brave seigneur n'est pas bien riche, mais il mérite la plus entière confiance.

18 avril, de Florence. — J'écris à mon père en réponse à sa lettre du 4. Je lui dis que je ne sais rien de plus au sujet des robes de la commission de Loffreda, de Messine ; que les robes de véritable gala se font toujours comme autrefois, avec paniers et longues queues ; que comme aujourd'hui elles servent très peu, je serais d'avis de n'en faire ainsi qu'une, la plus belle, et de faire les autres suivant les dernières modes.

30 juin 1788, de Mondovi. — Le comte de Vozo est très estimé dans sa patrie et regardé comme un seigneur fort à son aise ; on lui donne 20,000 livres de rentes, je crois que c'est gratuitement, mais je crois que 10,000 ne doivent pas lui manquer. Sa manufacture de drap lui prend des fonds, indépendamment de ceux qu'il a mis dans le commerce de Gervasio et Rossi.

Le comte Cordero di San Quiatino, associé de Ballio, est la première maison de Mondovi, et peut-être du Piémont ; on la met en balance avec celle des frères Aignon, qu'on dit la plus riche de Turin ; elle nous donne toute préférence.

Comme il inscrivait la date de toutes ses lettres et même quelquefois le sommaire, on peut juger de l'étendue de cette correspondance :

Les lettres à son père et à sa mère sont au nombre de. 75

A Magneval, son associé et son ami. 27

A ses sœurs et beaux-frères. 33

A son grand-père Briasson, à sa tante Jordan-Périer, ses nièces Coste et autres. 15

Total. 150

Ce qui fait à peu près une lettre tous les deux jours ; chaque courrier, partant d'Italie une fois par semaine, emportait donc trois de ses lettres en moyenne.

Comme nous voyageons à petites journées, et que notre temps n'est pas compté, je demande au lecteur, avant de commencer un autre voyage de placer ici quelques souvenirs qui ont un intérêt historique.

Je ne sais rien sur la vie de mon grand-père Jordan jusqu'à son mariage en 1792 avec Catherine Dugas, fille unique de M. Jean-Baptiste Cognet-Dugas, seigneur de Chassagny.

Les deux familles Jordan et Dugas s'étaient réunies pour donner en dot à leurs enfants, Antoine-Henri Jordan et Catherine Dugas, la terre et le château de Sury-le-Comtal dans le département de la Loire, qu'ils avaient achetés ensemble de M. de Laffrasse de Sury, ancien seigneur de Sury, de Saint-Romain-le-Puy et autres lieux avant 1789.

M. de Laffrasse, ci-devant capitaine au régiment de Touraine, chevalier de l'ordre royal et militaire de Saint-Louis, était alors auditeur de camp ; il remplissait à Lyon les fonctions de procureur du Roi devant le Conseil de guerre.

Jean-Baptiste Cognet-Dugas, mon bisaïeul maternel, était né dans la première moitié du siècle dernier, quelques années avant la bataille de Fontenoy (1745), il est mort vers 1816, à l'âge de quatre-vingt-quatre ans. Quand je l'ai connu c'était un grand et beau vieillard complètement aveugle, ayant conservé la liberté de ses mouvements et toute son intelligence ; car obligé d'avoir un guide et un soutien, il était toujours accompagné non par un domestique ou un infirmier, mais par son secrétaire, Berthet, qui lisait et écrivait ses lettres sous sa dictée. Il marchait s'appuyant sur son bras, et sur une canne à pomme d'ivoire, qui est encore conservée.

La révolution avait passé emportant les souvenirs des temps qui l'avait précédée, personne ne savait dans la famille (du moins personne ne nous en avait jamais parlé), d'une partie intéressante de sa vie ; si je la sais, je le dois à une circonstance assez extraordinaire.

Ma mère conduite par les événements à séjourner à Francfort pendant deux années 1837 et 1838, avait étudié l'allemand ; pour s'y perfectionner, elle s'était abonnée à une revue hebdomadaire plus ou moins semblable à nos journaux illustrés, qui parlent de tout, et d'autres choses encore.

Quelle fut sa surprise d'y trouver un jour, l'histoire de son grand-père Dugas, qui lui était tout à fait inconnue. Voici ce qu'elle apprit et ce qu'elle m'a raconté :

Jean-Baptiste Dugas ayant eu l'occasion d'aller à Zurich, ou y étant allé dans cette intention, avait étudié sérieusement la fabrication des rubans, et l'avait importée à Saint-Chamond, sa ville natale.

Ce fut vers la fin du règne du Louis XV, qu'il fonda la première fabrique de rubans sous le nom, je crois, de Dugas frères, qui s'est perpétuée dans la famille pendant plus d'un siècle, avec des années d'une prospérité inouïe, quelques inventaires se sont élevés jusqu'à 1,500,000 francs. Elle a fait la fortune de deux générations, de ses neveux et petits-neveux.

Elle a subsisté jusqu'en 1860 environ, son dernier représentant fut Camille, fils de Thomas Dugas, neveu de Dugas-Montbel, qui tous deux y étaient intéressés par l'héritage de leur père, Camille, frère de Jean-Baptiste.

C'est en souvenir de sa fortune faite à Saint-Chamond que Dugas-Montbel, le traducteur d'Homère, a légué sa bibliothèque à sa ville natale.

Dans sa jeunesse, Thomas Dugas avait voyagé pour la maison jusqu'en Russie ; c'est de là qu'il avait rapporté les noms d'Osippe et Yvanna qu'il avait donnés à deux de ses enfants.

Une fois l'élan donné, d'autres imitèrent J.-B. Dugas ; partie de Saint-Chamond au commencement de ce siècle, l'industrie des rubans s'est propagée dans tout le département de la Loire, et particulièrement à Saint-Etienne, où elle a fait la prospérité du pays.

Le fait de l'importation en France de la fabrication des rubans, par J.-B. Dugas, généralement oublié aujourd'hui, fut si bien constaté à son origine, que Louis XVI lui donna des lettres de noblesse à titre de récompense nationale.

Comme il n'eut qu'une fille de son mariage avec Mlle Balas et que d'un second mariage avec Mlle Royer de la Batie il n'eut point d'enfant, ses lettres de noblesse tombèrent en quenouille et furent négligées.

Après avoir gagné une jolie fortune, il prit sa retraite à la campagne, non loin de Lyon, entre Givors et Mornant, au château de Chassagny, qu'il avait acheté de la famille Ravel de Montagny, vers 1785.

J.-B. Dugas, devint alors seigneur de Chassagny, jusqu'en 1789, comme l'avait été avant lui Louis Dumarest, échevin de Lyon en 1735 (ces renseignements sont tirés des anciens almanachs officiels de Lyon).

Le vieux château de Chassagny, de forme carrée, avec cour intérieure entourée de portiques, conserve encore l'aspect de son ancienne origine.

Il était ceint de fossés profonds, qui subsistent encore de trois côtés; on voit sur la façade de l'entrée principale, toutes les anciennes dispositions d'un pont-levis, remplacé par un pont fixe; c'est au premier étage, au-dessus de l'entrée que se trouve la chapelle.

On lit encore sur le couronnement de la porte, la date de 1570, avec cette inscription latine : *Porta patens esto ; nulli claudaris honesto*, qu'on peut ainsi traduire : Sois porte ouverte à deux battants, ne te referme qu'aux méchants.

Aux deux angles de la façade principale, s'élèvent deux grosses tours rondes; dans celle du levant, au premier, se trouvait la bibliothèque; aux angles opposés, on voit encore les traces de deux tourelles en encorbellement.

L'orage de la révolution commençait à gronder; par prudence, J.-B. Dugas qui avait en 1789 perdu son titre de seigneur, fit démolir les tourelles et raser la partie supérieure des grandes tours, que l'on pouvait apercevoir de la route de Saint-Etienne.

Mais, si les tours de son château rasées à la hauteur du toit, passaient ainsi sous le niveau de l'égalité, sa réputation honorable, sa fortune et sa noblesse n'en attirèrent pas moins l'attention des niveleurs de l'époque.

On vint le chercher à Chassagny, pour le conduire comme suspect dans la prison de Saint-Chamond.

Fort heureusement pour lui la procédure fut longue, grâce peut-être à la reconnaissance secrète de quelques-uns de ses bons ouvriers, qui se trouvaient parmi les juges;

car dans ce temps-là, comme toujours, bien des moutons peureux, dans la crainte d'être mangés, hurlaient avec les loups. Bref, plus heureux que beaucoup d'autres, il retrouva sa liberté le 9 thermidor (27 juillet 1994).

Quand le calme fut rétabli, Jean-Baptiste Dugas revint habiter modestement Chassagny. Il y passait toute l'année ayant souvent auprès auprès de lui sa fille unique, Mme Jordan et sa nombreuse famille.

En outre de la terre de Chassagny il avait de nombreux domaines à Tartara, à Saint-Maurice et ailleurs très paternellement administrés.

A Yzieux, près de l'église, une petite maison de campagne où est né son petit-fils Henri Jordan, a servi longtemps de retraite à ses vieux serviteurs.

Le jardin, qui existe encore sur le coteau, a été coupé par le chemin de fer.

Jean-Baptiste Dugas avait quatre frères et deux sœurs :

Camille Dugas, père de Thomas Dugas et de Dugas-Montbel ;

Jacques Dugas du Villars, chef de la branche du Villars ;

Jean Dugas-Vialis, chef de la branche Vialis ;

Claude Dugas de la Boissony, père de Laurent, Victor, Camille, et de Mmes Guigou et Bouchardier ;

Jeanne Dugas (Mme Regnault), aïeule des Thiollière, Neyran, Chazotte, Grangier et Borel ;

Josephine Dugas (Mme Chaland), aïeule des Chaland et Finaz.

Au moment où Jean-Baptiste Dugas a quitté ce monde, le nombre de ses enfants, petits-enfants, neveux ou petits-neveux s'élevait à plus de cent cinquante. Dans ce moment où j'écris, la postérité du père de Jean-Baptiste Dugas s'élève à plus de sept cents personnes ; s'il en était de même dans toute la France, on ne se plaindrait pas de la dépopulation.

Aussi depuis longtemps, à Saint-Chamond, le clan des Dugas est connu sous le nom de la grande famille.

Pendant que Jean-Baptiste Dugas était, dans les prisons de Saint-Chamond, incertain de son sort, des choses plus tristes encore se passaient à Lyon, dans la famille de sa fille.

Avec tous les Lyonnais elle avait supporté courageusement les dangers et les fatigues du siège de 1793.

Le chef de la maison, Henri Jordan, l'ancien échevin, avait été arrêté, condamné à mort, puis exécuté le 31 janvier 1794, il avait alors 70 ans.

Le motif sommaire de sa condamnation, que j'ai lu dans un journal de l'époque conservé pendant longtemps au monument des Brotteaux, était simplement celui-ci :

Avoir contribué à la défense de la ville par une souscrip-de 1700 livres.

Si l'on n'avait pas trouvé ce motif, on en aurait inventé un autre, son âge ne pouvant pas le faire considérer comme belligérant.

Lorsque mon grand-père traversait gaîment le Rhône en 1787, en partant pour l'Italie, il ne prévoyait pas que son père le traverserait quelques années plus tard pour être massacré aux Brotteaux !

Il ne pouvait pas non plus penser, que lui-même, pour échapper aux persécutions qui suivirent le siège, traverserait le pont Morand avec sa jeune femme, déguisés tous deux en villageois, conduisant un âne, qui dans un de ses paniers portait leur fille aînée, Henriette, alors âgée de quelques mois.

Je ne peux jamais voir un tableau représentant la fuite en Egypte, sans penser à ce premier voyage de ma mère.

Tandis que la jeune Mme Jordan trouvait une cordiale hospitalité à Givors, dans la famille Marcellin, parce qu'elle ne pouvait pas se sauver à Chassagny, chez son père, M. Dugas, alors détenu à Saint-Chamond, Antoine-Henri Jordan fut obligé de chercher auprès de ses correspondants, un refuge ignoré, dans les montagnes du Dauphiné.

Que les temps étaient changés depuis les joyeuses parties de campagne dans son voyage de 1787 et 1788.

Madame Jordan-Briasson, sa mère, veuve de l'échevin, a survécu longtemps à son mari ; elle n'est morte qu'en 1813, au premier étage de sa maison, à l'angle de la place Tolozan et de la rue Puits-Gaillot. Elle m'a connu, mais pour dire toute la vérité je ne me la rappelle pas.

C'était une femme remarquable sous tous les rapports au moral et au physique. Par une loi d'atavisme assez générale, ses qualités aimables et sérieuses avaient été transmises, dit-on à la fille de son fils, Henriette Jordan.

Comme ses trois sœurs, elle avait achevé son éducation à Paris (chose rare pour l'époque et même encore aujourd'hui) chez son oncle Briasson, imprimeur distingué, qui

7

faisait partie du consulat, ou Tribunal de commerce parisien.

Les portraits de M. Briasson en costume d'échevin, et de ses quatre filles en costumes allégoriques des quatre saisons, peints par Nonnotte, sont encore conservés dans la famille.

Pendant la Révolution, Mme Jordan-Briasson avait reçu chez elle Monseigneur Daviau du Bois-de-Sansay, évêque de Vienne et d'Embrun, puis archevêque de Bordeaux, qui se cachait sous le nom de M. Fortuné, alors que les églises étaient fermées et les prêtres mis à mort.

Quand l'ordre fut rétabli par Napoléon Ier, Monseigneur Daviau fut replacé sur le siège de Bordeaux. De là, il écrivit plusieurs fois à Mme Jordan-Briasson et faisant allusion à la bonne et généreuse hospitalité qu'il avait reçue, il signait toujours : *L'Archevêque de Bordeaux, jadis Fortuné.*

Par suite d'un accident survenu dans sa vieillesse, Mme Jordan-Briasson marchait difficilement, s'appuyant sur une canne à trois pieds ; elle ne sortait plus que pour aller à la messe à Saint-Pierre, dans une chaise à porteurs ; c'est la dernière que l'on a vue circuler dans les rues de Lyon, transportant une personne de qualité, comme disaient nos aïeux.

Elle était propriétaire d'une ferme à la Guillotière, connue sous le nom de *la Mouche*. Là où se trouvent actuellement la gare des marchandises, le fort de la Vitriolerie et beaucoup d'autres constructions, il n'y avait encore en 1830 que des champs et des prés. Quelques années après, au moment du partage Jordan, cette ferme fut vendue à l'hec-

tare comme terrain de culture ; les acquéreurs l'ont rever-
due au mètre comme terrain à bâtir !

La gare de la Mouche et la rue de la Croix-Jordan rappellent par leurs noms cette ancienne origine.

Il existait au bout de cette rue, à l'embranchement des
rues de Gerland et des Culattes, un petit espace triangulaire
autrefois accessible à tous, dans une enceinte réservée, qui
depuis quelques années a été réuni par des murs à la propriété voisine.

Sur cet emplacement s'élève une croix de pierre qui porte
sur son piédestal l'inscription suivante gravée en creux :

« L'an de grâce 1810, le 5 du mois de septembre, Mag-
« deleine Briasson, veuve de Henri Jordan, a rétabli ce
« monument consacré à la piété des fidèles par ses prédé-
« cesseurs. »

Cette croix existe encore, je l'ai vue et touchée aujourd-
'hui 6 février 1888, mais par suite de l'exhaussement du
terrain tout autour, il ne m'a plus été possible de voir l'inscription que j'avais relevée moi-même sur place, il y a
trente ans.

Les souvenirs s'oublient si vite, ou si souvent s'altèrent
en vieillissant, qu'il m'a paru d'un intérèt historique local
de préserver de l'oubli le nom de Jordan, nom éminemment
lyonnais, qui déjà sur quelques mauvais plans de Lyon est
remplacé par celui de Jourdan.

Sur la pente de la Croix-Rousse, il y a trente ans la rue
Camille-Jordan avait été transformée en rue Camille-
Jourdan.

J'en fis l'observation au service de la voirie ; *le lendemain* l'erreur du peintre fut réparée sur l'ordre de l'ingénieur en chef Bonnet, fort empressé de conserver nos anciennes traditions, car tout en transformant merveilleusement nos vieux quartiers, il cherchait toujours à maintenir dans chacun d'eux les avantages anciens dont ils jouissaient ; système éminemment moral et conservateur que l'on devrait toujours imiter dans l'administration d'une grande ville, pour l'améliorer, sans perturbation dans les intérêts respectables de ses habitants.

Je ne pense pas pouvoir mieux terminer ce chapitre sur mon grand-père qu'en rappelant l'inscription de Loyasse mise par ses enfants sur son tombeau :

HIC JACET IN RESURRECTIONEM ÆTERNAM
ANTONIUS HENRICUS JORDAN,
QUI FIRMA IN DEUM PIETATE, CARITATE
IN OMNES ET PRÆCIPUO VERI AMORE INSIGNIS,
ANNO SEPTUAGESIMO SECUNDO ÆTATIS
SUÆ DIE TERTIO
JANUARII MDCCCXXXV OBIIT.

INNOCENS MANIBUS ET MUNDO CORDE
QUI NON ACCEPIT IN VANO ANIMAM SUAM
NEC JURAVIT IN DOLO PROXIMO SUO.

———————

CHAPITRE III

Racontant des épisodes du voyage en Bretagne
d'Alphée Aynard, 1788, et du voyage à Paris
de Th.-A., 1815.

EN suivant l'ordre des dates, le second voyage
dont je vais parler est celui de mon père en
Bretagne, à la fin du siècle dernier.

Si, comme celui de mon grand-père, Jordan, c'était un
voyage d'affaires, ce n'était pas le moins du monde, en
même temps, un voyage d'agrément.

A la suite du siège de Lyon, tous ceux qui avaient contribué à la défense étaient recherchés, et le plus souvent
mis à mort, sans autre forme de procès.

Joseph Aynard, fabricant de draps, chef de la section de
la rue Buisson, avait fait son devoir de bon citoyen; cela
suffisait pour le désigner à la vengeance; c'est le seul motif
invoqué dans les journaux de l'époque, pour justifier sa

condamnation, que j'ai lue, formulée simplement en ces termes :

« Joseph Aynard, chef de la section de la rue Buisson,
« condamné à mort et exécuté sur la place des Terreaux,
« le 15 décembre 1793, 60 ans. »

Après sa mort, ses magasins et sa maison de campagne, la Bastero, à Sainte-Foy, avaient été saccagés et pillés. C'est à cette époque que furent volés les plats célèbres de Bernard de Palissy, qu'il avait rapportés de Paris, où il les avait achetés lors de la vente mobilière du duc de Richelieu en 1788.

Ces objets, qui figurent aujourd'hui avec honneur dans nos musées, ont été rachetés de M. de Migieu, à Dijon, il y a 80 ans, sans que l'on sût alors quelle était leur origine (Rapport de Martin-d'Aussigny, 15 octobre 1859).

D'après les recherches de M. Amédée d'Avaize, le nom de la propriété la Bastero vient de Bernadin Bastero, turinois, naturalisé français en 1657.

Pour échapper aux poursuites dirigées contre les survivants de l'armée du général de Précy, deux des fils Aynard, Aubin et François, se sauvèrent à Paris, où ils furent arrêtés et mis en prison aux Bénédictins anglais, dans la rue Saint-Jacques (alors rue de l'Observatoire).

Ce fait résulte non seulement des récits que j'ai entendus dans ma jeunesse, mais il est constaté par Mme de Béarn, née Pauline de Tourzelle, dans son livre publié en 1833, sous le titre de *Souvenirs de 40 ans*.

Elle se trouvait dans la même prison avec sa mère, dame d'honneur de Mme la Dauphine. Elle raconte que de jeunes Lyonnais, MM. Aynard, avaient trouvé le moyen d'apporter une distraction à la tristesse des jeunes prisonnières en établissant une escarpolette.

Leur sœur, Mme Adélaïde Soret, avait aussi son mari dans cette prison. Agée de 23 ans seulement, mais avec une énergie égale à sa beauté, elle était partie courageusement toute seule pour Paris et avait fini par les découvrir. Dans ces visites, elle s'était liée avec Mlle de Tourzelle, et leurs relations se sont continuées fort longtemps, car elles avaient commencé dans des circonstances qui ne s'oublient jamais.

Enfin, le 9 thermidor mit fin à leur captivité, et la maison de Joseph Aynard, de Lyon, reprit ses opérations sous la direction de trois de ses fils, Claude, François et Alphée.

le quatrième, Aubin, d'un caractère ardent et aventureux, s'était embarqué avec le capitaine Surcouf pour faire la guerre aux Anglais. De là il est allé dans l'Amérique du Sud, où il s'est marié; il n'a plus donné de ses nouvelles depuis 1827.

Avant la Terreur, la maison Aynard avait fait des affaires importantes avec la Bretagne, il lui était dû des sommes assez fortes; on était à l'époque des guerres de Vendée; la correspondance et les envois d'argent étaient sinon impossibles, au moins très difficiles.

Il fut décidé qu'Alphée, le plus jeune des trois, ferait le voyage pour retirer ce qu'il pourrait de ces créances.

Mon père avait une grande activité, beaucoup de courage, une bonne santé, il accepta donc avec empressement cette périlleuse mission.

Il a dû faire ce voyage en 1798. Je n'ai jamais su l'époque bien précise ; il en parlait souvent, mais jamais il n'en fixait la date ; il devait avoir vingt ans à l'époque de son départ.

Ce voyage dura près d'un an et ne fut pas sans danger ; car il se faisait dans un pays complètement bouleversé par la guerre ; la Bretagne et la Vendée ayant résisté pendant plusieurs années à la tyrannie révolutionnaire.

Il n'y avait aucun autre moyen de transport que la poste, il partit donc dans un cabriolet jaune à deux roues, que l'on appelait encore une chaise.

A cette époque, le gouvernement de la République ajoutant le vol à la cruauté, voulait accaparer toute la monnaie ; il avait ordonné sous peine de mort, de porter dans les caissses publiques toutes les valeurs d'or et d'argent ; en échange, il donnait des assignats en papier qui furent bientôt dépréciés et causèrent un désastre presque général dans toutes les fortunes, en donnant à des gens peu délicats le moyen de payer leurs dettes avec des valeurs fictives.

Alphée Aynard parcourut toutes les villes grandes et petites de la Bretagne, de la Vendée, de l'Anjou et de la Touraine et n'eut qu'à se louer de la loyauté des habitants, des Bretons surtout, qui tous, au péril de leur vie, avaient conservé de l'argent monnoyé pour payer leurs dettes ; il put rapporter à peu près tout ce qui était dû à sa famille.

La seule aventure que je connaisse de ce voyage, mérite d'être racontée.

Au moment de son départ de Nantes pour revenir à Paris, on prévient mon père qu'une dame veut lui parler ; il se rend aussitôt à l'adresse indiquée, chez Mme de Bec de Lièvre, appartenant à la première noblesse du pays.

On s'informe s'il est bien M. Aynard de Lyon, qui doit partir prochainement pour Paris. Sur son affirmation, Mme de Bec de Lièvre lui demande pardon de l'avoir dérangé, en ajoutant que ce n'était pas à un jeune homme de vingt ans qu'elle pouvait s'adresser pour le service dont elle avait besoin.

Mon père insiste pour connaître ce mystère ; enfin, il apprend qu'il s'agit de conduire à Paris, pour une cause que j'ignore, Mlle de Bec de Lièvre, jeune fille de dix-sept à dix-huit ans.

Il ne pouvait pas refuser une pareille mission.

Il avait une bonne voiture, beaucoup de bonne volonté et, ce qui ne gâte jamais rien, un extérieur et des manières agréables ; les occasions étaient rares, en temps de révolution surtout, la nécessité passe avant les convenances ; de plus, mon père était Lyonnais ; par conséquent, royaliste fervent aux yeux de la noblesse de Vendée.

Bref, après beaucoup d'exclamations de la part de la mère et force protestations rassurantes du côté de mon père, sans faire elle-même d'objections, Mlle de Bec de Lièvre monta dans la chaise de poste avec une femme de chambre.

Je ne connais pas les détails de ce voyage qui dura cinq ou six jours. Mon père conduisit cette jeune fille à Paris sans aucun accident et la remit à une de ses tantes, au faubourg Saint Germain.

Des années se passèrent, Mlle de Bec de Lièvre est devenue la femme du maréchal de Bourmont, ministre de la guerre, sous Charles X, et chef de l'expédition qui fit la conquête d'Alger.

Les affaires de mon père le mettaient en relations directes avec le ministère de la guerre. Il eut l'occasion de revoir souvent Mme de Bourmont qui avait conservé pour lui beaucoup de reconnaissance.

J'ai rencontré moi-même M. de Bourmont et ses fils à Genève, en 1834, peu d'années après 1830, qui avait brisé leur fortune en renversant la branche aînée des Bourbons, j'ai pu constater que le souvenir laissé par la complaisance de mon père avait été conservé gracieusement par toute la famille de la Maréchale.

Voilà tout ce que je sais de ce voyage de Bretagne. J'ai vu encore la voiture élémentaire dans laquelle mon père l'avait fait, car c'est dans cette même chaise que j'ai fait mon premier voyage de Paris (qui justifie cette partie de mon épigraphe, *quorum pars parva fui*, puisque j'avais alors trois ans et demi).

Les Autrichiens étaient déjà venus à Lyon en 1814 ; ils menaçaient de revenir en 1815, et l'on supposait qu'ils n'y entreraient pas sans combat.

Ma mère, qui habitait le quai du Rhône, eut peur d'être exposée particulièrement aux dangers du siège ; l'ennemi devait arriver par le Dauphiné ; elle obtint de mon père de l'accompagner à Paris où l'appelaient ses affaires.

Nous partîmes donc tous les trois avec une femme de chambre qui me tenait sur ses genoux, dans la même chaise de poste qui avait ramené Mme de Bourmont de Nantes à Paris dix-sept ans auparavant.

Ce voyage est un de mes plus anciens souvenirs ; nous étions au milieu de juin 1815, cette date est très précise. Je me rappelle parfaitement le mouvement de bascule qu'on imprimait à la voiture, lorsqu'à chaque relai on changeait les chevaux, sans nous faire descendre.

Je me rappelle encore qu'au départ, c'était notre domestique qui nous avait conduits en postillon, jusqu'au premier relai; il avait deux cocardes, une blanche et une tricolore, qu'il était obligé de mettre à son chapeau alternativement, suivant l'opinion des groupes ou des villages que nous traversions.

Quand on criait : « A bas la cocarde tricolore! » il la fourrait dans sa poche, et s'empressait de mettre la blanche; alors on le laissait passer; un peu plus loin, on criait : « A bas la cocarde blanche ! il s'empressait de faire l'échange afin de pouvoir marcher.

Ce qui prouve, qu'en politique, il y a soixante et treize ans, on n'était pas beaucoup plus d'accord qu'aujourd'hui dans notre pauvre France.

Depuis, en prenant des années, j'ai vu dans ma vie beaucoup de gens qui, pour avancer, faisaient comme notre postillon de 1815. Mais pour être juste, je dois dire aussi : de notre temps, nous avons vu beaucoup d'honnêtes gens qui, fort disposés à crier vive le roi! ont préféré s'arrêter, que de crier vive la ligue!

Pendant que nous étions en route, de Lyon à Paris, la guerre fut terminée par la bataille de Waterloo, le 18 juin.

Aussi les Autrichiens entrèrent à Lyon sans coup férir.

L'occupation dura plus de deux mois, et coûta 3 millions au moins, tant à la ville qu'aux particuliers.

Un général autrichien avait pris ses quartiers à la Croix-Rousse, alors commune distincte de Lyon ; le Maire était mon oncle Chevallier, le père du paysagiste de ce nom ; il avait épousé la plus jeune des sœurs de mon père, Victoire Aynard.

Afin d'adoucir autant que possible ce que l'occupation étrangère pourrait avoir de trop dur pour les habitants, M. Chevallier se rendit auprès du général pour parlementer. Le général vit tout de suite qu'il avait affaire à un ancien militaire ; il lui demanda quelles étaient ses campagnes et dans quelle arme il avait servi.

Le Maire de la Croix-Rousse était un ancien capitaine au 6e régiment de cuirassiers ; il cita les différentes batailles où il s'était trouvé et les pays d'Autriche qu'il avait traversés.

Le général lui dit alors qu'il avait peut-être habité son château, dont il lui rappela le nom. Mon oncle, en effet, put lui parler de sa famille et des bons souvenirs qu'il en avait conservés.

Après lui avoir demandé son nom, et pris quelques renseignements, il le fit revenir et lui dit : « Capitaine Che-« vallier, vous vous êtes très bien conduit chez moi quand « vous étiez vainqueur, nous nous conduirons très bien « chez vous aujourd'hui que les rôles sont changés. Je vous « en donne ma parole de soldat.

« Ayez soin que mes hommes ne manquent pas du « nécessaire et les habitants n'auront pas à s'en plaindre. »

La promesse fut tenue, et les Croix-Roussiens profitèrent ainsi, sans le savoir, de la bonne conduite de leur Maire dans un temps où la fortune nous était meilleure.

Cette histoire est authentique ; on trouvera peut-être que c'est une digression hors de propos ; pour excuse, je peux dire que l'ayant rencontrée sur ma route, je m'y suis arrêté, profitant de ce que nous voyageons autrement qu'en chemin de fer ; et pensant qu'il est toujours bon de conserver le souvenir de ce qui est bien.

Au moment où ces choses allaient se passer à la Croix-Rousse, nous arrivions à Paris après un voyage de cinq ou six jours ; car bien que nous marchions aussi vite que les chevaux pouvaient nous emporter sur une mauvaise route, nous nous arrêtions toutes les nuits pour coucher dans les auberges, car notre chaise à deux roues ne ressemblait pas le moins du monde à un sleeping-car.

Paris ne ressemblait pas non plus à ce qu'il est aujourd'hui ; la ligne du boulevard de la Magdeleine à la Bastille existait déjà depuis longtemps, mais elle n'avait pas du tout le même aspect ; les premières constructions avaient été faites sur l'emplacement des anciens remparts ou boulevards fortifiés de l'enceinte de Louis XIV, c'est de là que vient leur nom. Les terres-pleins des bastions n'avaient pas été nivelés, et beaucoup de vieux arbres existaient encore ; il en résultait une grande variété dans les perspectives.

Un grand nombre de maisons avaient des jardins avec grilles sur la voie publique ; d'autres jardins étaient en terrasses à la hauteur du premier étage. A leur rencontre avec le boulevard, beaucoup de rues se terminaient par des pavillons arrondis d'une belle architecture ; enfin chaque maison avait son cachet particulier, et pour se reconnaître on n'était pas obligé de se rappeler un numéro.

Même dans l'intérieur de Paris on trouvait de nombreux jardins ailleurs qu'au faubourg Saint-Germain, qui seul encore en conserve quelques-uns.

Nous n'étions pas logés à l'hôtel, mon oncle François avait pu nous recevoir chez lui.

Depuis sa sortie de prison, sa position avait bien changé ; la maison Aynard qu'il représentait à Paris avait fait de belles affaires. Tandis que le commerce lyonnais souffrait beaucoup du blocus continental, la fabrication des fusils à Saint-Etienne et celle des draps de troupes à Lyon et ailleurs étaient sous le premier empire les seules industries prospères. L'empereur avait exigé la construction des deux grandes fabriques de Montluel et d'Ambérieux qui occupaient chacune plusieurs centaines d'ouvriers.

Bien que situé au premier étage l'appartement de mon oncle avait la jouissance d'un beau jardin en terrasse sur la rue Louis-le-Grand, près du boulevard et de la rue de la Paix.

Je me souviens que je couchais dans une chambre de plain-pied avec le jardin, et que les murs de cette chambre étaient entièrement couverts de grands tableaux à cadres dorés ; il y en avait de même dans tout l'appartement ; alors je ne pouvais pas trop juger s'ils étaient beaux ; mais depuis j'ai toujours entendu dire qu'il y en avait pour plus d'un million et demi.

Cette collection était citée de 1820 à 1825 comme une des plus belles de Paris. Le Téniers et *le Messager*, de Terburg, deux perles de notre musée de Lyon, viennent de cette galerie ; ont-ils été donnés, ou vendus ? je l'ignore ; mais s'ils ont été vendus, il y a plus de soixante ans, les prix d'alors, comparés à leur valeur actuelle, ne mettent pas une bien grande différence entre une vente et une donation.

Mon père avait retrouvé à Paris, dans l'intimité de son frère, un ancien camarade de collège, leur ami et celui des Jordan, M. Franchet d'Esperay, qui se trouvait déjà dans une haute position.

Accusé fort injustement, quoiqu'il en fut bien capable, d'avoir fait circuler clandestinement une bulle du pape, M. Franchet avait été mis en prison sous l'Empire. Là, pendant trois ans, il était resté séquestré de sa famille, mais en bonne compagnie; car il s'était lié avec le comte Alexis de Noailles, qui avait pu l'apprécier.

En 1814, M. Alexis de Noailles nommé commissaire extraordinaire à Lyon avait pris M. Franchet pour secrétaire intime ; ils allèrent ensemble au congrès de Vienne, ce fut l'origine de sa fortune politique sous la Restauration, qui le conduisit jusqu'à la direction générale de la police du royaume.

Le nom de l'avenue de Noailles aux Brotteaux rappelle cette époque.

Ce n'est pas sans raison qu'en parlant de la fortune de M. Franchet j'ai ajouté le mot politique, car à l'inverse de qui se passe de nos jours, il a quitté le pouvoir sans y amasser des trésors.

On cite de lui un trait qui mérite de n'être pas oublié ; Au moment, où par suite d'un changement de ministère, il quitta la direction générale de la police pour le conseil d'Etat, il porta lui-même au Roi le reste de la caisse des fonds secrets, qui dit-on s'élevait à plusieurs millions.

Certainement, bien des gens que je connais, auraient fait de même ; mais beaucoup d'autres, que j'aime mieux ne pas connaître, auraient fait autrement.

Peu de jours après notre arrivée à Paris, la ville était en fête pour le retour de Louis XVIII. Je me rappelle très bien avoir vu le Roi recevoir les couronnes de fleurs que le peuple lui lançait du jardin des Tuileries sur un balcon du château entre le pavillon de Flore et le pavillon de l'horloge. Tout le monde était dans la joie ; et la paix générale était acclamée avec un enthousiasme indescriptible.

Quinze ans plus tard en 1830, je fis mon second voyage à Paris, peu de jours après la révolution de juillet. Le même peuple de Paris, aussi mobile que les flots de la mer, dont il a le flux et le reflux, après trois jours d'émeute, renvoyait sans savoir pourquoi, les Bourbons qu'il acclamerait certainement aujourd'hui avec la même ardeur qu'en 1815, s'ils revenaient, comme alors, nous apporter l'ordre, la justice et la paix dont l'Europe entière a si grand besoin.

Ce deuxième voyage se fit en diligence car déjà sous la Restauration les routes, si mauvaises sous l'Empire, s'étaient considérablement améliorées.

De 1830 à 1852, j'ai fait plus de trente fois le trajet de Paris à Lyon, soit en diligence soit en malle de poste. En temps ordinaire la diligence mettait trois jours et trois nuits ; dans la mauvaise saison on mettait souvent quatre jours.

La malle de poste ne mettait que quarante-deux heures, cela se comprend; au lieu de vingt voyageurs, il n'y en avait que quatre; les voitures étaient beaucoup plus légères que les diligences, et le nombre des chevaux presque le même.

Dans un chapitre spécial je donnerai la comparaison des moyens actuels de transport avec ceux d'autrefois.

CHAPITRE IV

Où l'on verra quatre personnes parcourant la Suisse dans une grande voiture, mais à petites journées en 1834

EN commençant ce nouveau chapitre, je dirai au lecteur que mon intention n'est pas de faire une description de l'Helvétie, dans une édition rétrospective du guide Joanne, mais uniquement de rappeler une des anciennes manières de voyager dans ce magnifique pays, qui perd beaucoup à être traversé à la vapeur et vu à vol d'oiseau.

Avant de nous mettre en route, il est dans l'ordre de faire connaître le personnel du voyage.

Il y a cinquante-quatre ans, ces voyageurs étaient : ma mère, mon frère, une de nos cousines et moi.

En parlant dans le chapitre II de ma bisaïeule, Mme Jordan-Briasson, j'ai rappelé que dans la famille tous disaient, que sa petite-fille Henriette Jordan lui ressemblait beaucoup.

Comme elle, en effet, ma mère réunissait toutes les qualités qui font une femme bonne, aimable, sérieuse et
distinguée.

Née en 1793, emportée par sa famille dans sa fuite en
Dauphiné, après le siège de Lyon, son enfance s'était passée
dans de tristes souvenirs.

Elle avait fait son éducation chez les dames Harent ;
après la dispersion des maisons religieuses, ces dames
appartenant au meilleur monde, victimes elles-mêmes de
la Révolution, avaient formé toute une génération de jeunes
femmes, qui furent l'honneur de la cité et le bonheur de
leurs familles.

En dehors de la maison de l'Hormat elle avait passé sa
jeunesse à la campagne chez ses parents, à Chassagny et à
Sury.

Ma mère s'était mariée jeune, à dix-huit ans.

Dire ce qu'elle a été pour ses enfants, l'amour, l'estime
et le respect que ses enfants avaient pour elle, et la part
toujours si vive qu'elle a dans mes plus douces souve-
nances, sans que les affections sérieuses et profondes que
le ciel m'a données aient jamais pu me la faire oublier,
serait sortir du cadre tracé pour ce récit ; et plus que
jamais, en pensant à ma mère, je dis : ma main ne peut
écrire, qu'une bien faible partie de ce que mon cœur res-
sent.

En 1834, ma mère, à quarante et un ans, avait conservé
toute la santé et toute l'agilité de sa jeunesse ; car si dans
mon enfance elle m'avait enseigné, sur ses cahiers et ses
cartes des dames Harent, le français et la géographie qu'on
n'apprenait pas alors au collège, quand je fus jeune homme,

c'est avec elle encore, que je faisais mes premières courses
à cheval, comme elle-même à la campagne avait chevauché
avec son père.

Dans l'hiver de 1830, au premier grand bal où j'étais
allé, chez le général Paultre de la Motte, bien des gens
étaient loin de se douter que je faisais vis-à-vis à ma mère ;
elle avait alors trente-sept ans et moi dix-huit.

Mon frère Adolphe, plus jeune que moi de quatre ans,
venait de terminer ses études, avec les plus grands succès,
au Lycée de Lyon, dont il avait suivi les cours comme
externe, ainsi que je l'avais fait moi-même.
Il avait un caractère aimable et sympathique, qui char-
mait encore plus que sa jolie figure, qui cependant n'était
pas ordinaire. Comme tous, et plus que tous, je l'aimais
beaucoup.

Je venais d'entrer dans la carrière des Ponts et Chaussées
et après un hiver passé à Paris aux études spéciales qui
suivent l'école Polytechnique, j'étais venu à Lyon en mission d'élève, sous la direction paternelle de l'ingénieur en
chef Kermaingant, à l'école des Jordan et des Marinet,
jeunes ingénieurs alors, mais déjà distingués.

Ma mère ne connaissait pas la Suisse, on voyageait si
peu dans ce temps-là ; elle désirait la connaître ; mais elle
tenait encore plus à nous donner une distraction instruc-
tive et salutaire. C'est elle qui eut l'idée de ce voyage, au
moment des vacances qui commençaient alors invaria-
blement au 1er septembre.
Il lui fut facile d'obtenir pour moi le congé qui m'était
nécessaire.

Pour un voyage un peu long il faut être en nombre pair, afin que personne ne soit exposé à rester seul.

Mon père ne pouvait pas nous accompagner ; il était trop occupé de sa manufacture d'Ambérieux, et plus encore des premiers bateaux à vapeur de la Saône, dont son frère François et lui furent les premiers organisateurs ; il fallait donc trouver une quatrième personne pour qui ce fût un plaisir, pour elle comme pour nous.

Mᵐᵉ Soret (Adélaïde Aynard), sœur aînée de mon père, dont j'ai déjà parlé au chapitre précédent, avait trois filles, aussi grandes et presque aussi bien douées que leur mère : Cléonice, Zoé et Zélie, leurs noms rappellent l'époque de leur naissance.

Cléonice, l'aînée, était à peu près de l'âge de ma mère ; je crois même que la tante était plus jeune que la nièce. Ayant passé leur vie ensemble, leur intimité était celle de deux sœurs.

Cléonice n'était pas mariée, non plus que Zélie malgré son idéale et ravissante beauté, qui jamais ne sera surpassée.

J'avais trois ans quand elle en avait quinze ; elle fut ma première institutrice, en me donnant mes premières leçons de lecture.

Zoé, la seconde, à plus de trente ans, s'était mariée à M. B....., qui, veuf d'un premier mariage, avait déjà plusieurs grandes filles.

Un oncle de mon père, ancien officier dans les gardes françaises, disait souvent dans le style de l'époque, qu'en voyant arriver dans un bal Mᵐᵉ Soret et ses filles, on croyait toujours voir la déesse Minerve entrant dans l'Olympe, avec un cortège de nymphes plus belles que Calypso.

Mais redescendons de ces hautes régions ; le mari de ma tante était fabricant de velours ; sous l'empire de Napoléon Ier, le commerce des soies allait très mal à Lyon ; à la mort de M. Soret, sa femme se trouva complètement ruinée, précisément à l'âge où ses filles auraient pu se marier.

Bien loin de se décourager, Mme Soret retrouva toute l'énergie de sa jeunesse ; avec le concours empressé de ses frères, elle réorganisa complètement le commerce de son mari, dans la grande maison Tolozan ; ayant ses magasins sous la même clé que son appartement, à un premier étage sur la cour.

Après plusieurs années de travail et de privations noblement supportées, elle était parvenue à faire quelques économies.

Bien conseillée par le mari de sa fille, elle les plaça en actions de Terrenoire ; c'était le bon moment ! En peu de temps ses capitaux furent quintuplés. Elle se retira quelques années plus tard avec une jolie fortune.

Ce fut à notre cousine Cléonice que ma mère fit la proposition de venir avec nous. Elle voulut bien accepter, et nous fûmes ravis, car elle avait un charmant caractère, et même dans les jeunes, il eût été difficile de trouver une compagne de voyage plus accommodante.

Ma mère avait le jugement très bon ; quoique rien de bien sérieux ne pût alors le faire supposer, elle craignait

que les bateaux à vapeur de la Saône, invention toute nouvelle, ne donnassent pas tous les bénéfices que mon père
en espérait, aussi tout en voulant nous faire un plaisir, elle
désirait le faire de la manière la plus économique ; elle ne
voulait pas dépenser plus de 1,000 francs, en parcourant la
Suisse pendant un mois. Aujourd'hui le problème serait
difficile et presque impossible, en 1834 nous avons pu le
réaliser.

Dans ce temps-là, c'était bien le cas de le dire, l'or était
une chimère, car on n'en voyait presque point. Quand je
fis changer un sac de 1,000 francs chez le changeur de la
place des Terreaux, on me le fit payer 8 francs. Je n'avais
jamais vu tant de *louis d'or* à la fois.

La Californie n'était pas encore exploitée.

Voici comment nous devions voyager : mon père avait
une grande calèche assez légère, qui pouvait marcher avec
un seul cheval ; elle avait sièges devant et derrière, et quatre
places dans l'intérieur. Nous emmenions avec nous un
domestique qui devait monter derrière, lorsque mon frère
ou moi serions sur le siège de devant.

Naturellement, nous ne devions aller qu'à petites journées, marchant toujours avec le même cheval.

Nous partîmes exactement le 1ᵉʳ septembre, par un très
beau temps, et nous arrivâmes le soir à Ambérieux, où
nous avons couché à la manufacture de mon père, chez
M. Chevret, qui en était le directeur.

Le lendemain matin, en repartant pour Nantua, nous
n'avions plus le même coursier ; le nouveau était beaucoup

plus fort que le premier, qui n'aurait pas pu nous conduire dans les montagnes; c'était une attention imprévue de M. Chevret, qui connaissait parfaitement le pays.

Le second jour, nous avons couché à Bellegarde; c'était la première fois que je voyais la perte du Rhône et la Valserine. Simple élève de première année, je ne me doutais pas alors que dix-neuf ans après je viendrais comme ingénieur en chef établir un chemin de fer dans un pays si pittoresque et d'un accès si difficile.

Les chemins de fer étaient complètement inconnus en Suisse, et l'on peut même dire en France, car il n'y avait que celui de Saint-Étienne uniquement destiné au transport des charbons.

Cette première visite de Bellegarde a été ma première impression de voyage en pays de montagne et ne s'est jamais effacée.

Entre Bellegarde et le fort l'Écluse, il nous arriva une aventure : nous étions descendus de notre calèche pour admirer le paysage; Cléonice s'étant approchée trop près du bassin d'une cascade, son pied avait glissé; sa robe était bien relevée, mais dans sa chute, elle avait complètement mouillé le bas de ce vêtement intime qu'il est shocking de nommer et qu'il serait encore plus shocking de ne pas porter. Bref, il était nécessaire d'en changer; la chose n'était pas commode, sur une grande route et en rase campagne.

Le linge de nos dames était dans ce qu'on appelait alors une vache, grand coffre en cuir plat de plus d'un mètre carré, qui occupait toute l'impériale. Nous fûmes obligés de la décharger et de l'ouvrir à terre sur la route.

S'abritant tant bien que mal derrière un buisson, Cléonice, riant la première de son infortune, dut procéder à l'opération avec l'aide de ma mère, tandis que les hommes travaillaient au rechargement de la calèche.

Mais patatra ! au moment le plus scabreux, nous entendons une diligence de Lyon qui arrivait, au grand galop, troubler la solitude si nécessaire dans cette circonstance délicate.

La route était à tout le monde, il n'y avait rien autre à faire que de nous ranger pour la laisser passer. Parmi les vingt personnes qui se trouvaient entassées dans cette voiture, quelques-unes peut-être nous ont reconnus ; ils doivent en avoir ri comme nous, car notre accident n'avait absolument rien de tragique.

Malgré cet arrêt imprévu, nous pûmes arriver à Genève le soir. Nous avions mis trois jours pour venir de Lyon.

La ville de Genève ne ressemblait pas le moins du monde à ce qu'elle est aujourd'hui. Le chemin de fer de Lyon l'a complètement transformée. C'était alors une place forte de 25,000 habitants, fermée par des fossés et de hautes murailles, flanquées de bastions dans le système de Vauban.

On ne pouvait y entrer qu'en passant sur un pont-levis, et déposant à la porte un passeport qu'on ne vous rendait que le lendemain. La dernière maison de la ville, sur la rive droite du Rhône, en amont, était l'hôtel des Bergues, qui venait d'être récemment construit, ainsi que le pont du même nom sous la direction du général Dufour.

Le lendemain, après avoir employé toute la journée à visiter la ville, nous passâmes notre soirée avec la famille du maréchal de Bourmont, visite dont j'ai parlé au Chapitre III.

De Genève nous sommes allés à Lausanne, Vevey, Chillon, puis de Lauzanne à Payern, Fribourg, Berne et Interlaken.

Voici comment nous avions organisé nos journées : nous partions de bonne heure, vers huit heures du matin, après avoir pris à l'hôtel le petit déjeuner suisse, café au lait, beurre, miel et quelquefois des œufs.

Au milieu du jour, nous nous arrêtions pendant deux heures, dans un village ou hameau pour faire reposer notre cheval ; nous nous promenions à pied, je dessinais et nous faisions, ordinairement en plein air, un léger repas avec des vivres emportés dans notre voiture.

En arrivant le soir, nous dînions à table d'hôte, ou autrement, suivant les circonstances, puis nous nous couchions de bonne heure dans deux chambres à deux lits.

Nous abandonnions à Antoine, notre domestique, le soin du cheval, de la voiture et de sa personne.

Notre objectif principal était l'Oberland. Arrivés à Interlaken, nous étions au point d'où nous devions rayonner ; là nous fûmes obligés de modifier notre manière de voyager ; notre cheval et notre voiture ne pouvaient plus nous servir ; nous les avons envoyés nous attendre à Lucerne, par les voies carrossables, sans être bien certains qu'ils y arriveraient ; car au départ, Antoine m'avait bien assuré qu'il avait souvent conduit des chevaux en France, mais qu'il ne pouvait pas répondre de ce qu'il saurait faire à l'étranger !

Malgré ce manque de confiance dans ses talents, nous lui souhaitâmes un bon voyage, en lui donnant un peu d'argent et une carte de visite sur laquelle nous avions écrit en grosses lettres *Nach Lucern*, et le nom de l'hôtel où il devait aller nous attendre.

Nous passâmes quatre ou cinq jours à Interlaken, pour parcourir les environs, qui sont merveilleux.

Non contents de visiter ce que tout le monde peut voir, en prenant les petites voitures du pays, c'est-à-dire la vallée de Lauterbrun, la cascade du Staubach, le glacier du Grindelwald, etc., nos intrépides voyageuses acceptèrent de faire avec nous l'ascension du Faulhorn, qui était alors une course pénible réservée aux véritables touristes, et qui n'est pas encore des plus faciles aujourd'hui.

Monter sur un cheval était pour ma mère une chose ordinaire ; mais pour Cléonice, grande, forte et bien moins expérimentée, c'était une autre affaire ; enfin avec beaucoup de bonne volonté de sa part, beaucoup d'aide de la part des guides et de la nôtre, nous parvînmes à l'établir solidement en selle, et si bien, qu'une fois installée, il nous fut impossible de la faire descendre jusqu'à l'arrivée, même dans les passages un peu difficiles. Mon frère et moi nous étions à pied avec les guides.

Cette course, à partir d'Interlaken, demandait deux jours, car il fallait coucher sur le Faulhorn, pour jouir du lever et du coucher du soleil. Dans ce temps-là il n'y avait pas encore d'hôtel, car on ne pouvait pas désigner de ce nom, une simple cabane en bois, où l'on portait du pain une fois par semaine. On ne pouvait y coucher que très difficilement, surtout si les voyageurs étaient nombreux.

La hauteur du Faulhorn est de 2,680 mètres ; nous montâmes au moins pendant quatre heures, par le plus beau temps et sans le moindre accident. Les chemins étaient mauvais, mais avec leurs guides nos amazones s'en tirèrent fort bien. La vue était si belle, si grandiose et pour nous si imprévue, que nous étions bien récompensés de nos efforts.

En arrivant au sommet, ma mère, s'appuyant sur mon épaule, sauta lestement en bas de son cheval, comme elle en avait l'habitude.

Mais pour Cléonice ce fut bien différent; si elle avait été de son temps une intrépide valseuse de Bernoise, il y avait plus de quinze ans que ce temps était passé; on fut obligé, pour la faire descendre, d'employer tous les procédés en usage pour le déchargement des objets précieux et fragiles ; cela put se faire très heureusement, sans altérer le moins du monde sa bonne humeur habituelle.

En arrivant, notre premier soin fut d'organiser notre campement pour la nuit; car il ne s'agissait pas de choisir nos chambres, c'est tout au plus si l'on pouvait appeler des lits les espèces de caisses que l'on nous montra.

Cela fait, avant de penser à dîner, nous nous pressâmes d'aller voir le magnifique spectacle que nous étions venus chercher, et qui ne nous fit pas défaut, comme cela n'arrive que trop souvent dans ces hautes montagnes, séjour habituel des nuages.

En route, nous avions admiré déjà le splendide panorama des Alpes Bernoises, qui se déroulait derrière nous à mesure que nous montions ; mais arrivés au sommet, nous ne pûmes pas contenir l'expression débordante de notre admiration.

Le temps avait été magnifiqne toute la journée. Le soleil couchant embrasait de ses feux la Jungfrau, blanche reine de ces montagnes, ainsi que les pointes aiguës du Finsteraarhorn, du Schreekhorn et du Vetterhorn, ses acolytes, qui tous s'élèvent à plus de 4,000 mètres de hauteur.

Cette grande ligne blanche dentelée, se détachant sans aucun nuage sur le ciel bleu, formait un admirable tableau, qui prenait une teinte rose à mesure que le soleil arrivait à l'horizon ; c'était éblouissant de splendeur.

On dit que du Faulhorn, en regardant au couchant, du côté opposé à la chaîne des Alpes, on peut apercevoir quatorze lacs, avec de bons yeux ou de bonnes lunettes.

Les lacs de Thun et de Brienz étaient à nos pieds ; quant aux autres, nous n'avons pas pu même essayer de les compter, car tout à coup se sont élevés des nuages sortant des vallées, qui ont inondé la vaste étendue des terres, devant nous et au-dessous, sans nous cacher le soleil toujours très brillant.

Il paraissait se coucher dans un immense océan, dont la surface moutonnée présentait des vagues énormes avec des crêtes resplendissantes de lumière ; c'était un spectacle féerique et imprévu qui nous a laissé une impression ineffaçable.

Enfin quand le soleil eut disparu, que les monts eurent repris leur teinte uniformément blanche, nous nous aperçûmes que nous grelottions de froid, car nous étions dans la région des neiges, il était temps de rentrer, souper d'abord et nous coucher ensuite, car le lendemain le réveil était pressé.

Heureusement nous avions avec nous quelques provisions, car il y avait peu de chose à l'auberge pour assaisonner le pain dur que nous y avions trouvé.

Comme je l'ai dit, les lits avaient triste apparence ; mais s'ils étaient durs, au moins ils étaient chauds. Il est vrai que nous nous étions couchés presque tout habillés, et que nous avions pour nous couvrir d'assez confortables édredons ; c'est la seule fois de ma vie que je m'en suis servi avec plaisir.

Le lendemain matin, nous eûmes le spectacle inverse du lever du soleil, derrière la chaîne des Alpes, avec des effets fantastiques de lumière, chaque fois qu'une vallée blanche nouvelle était éclairée. Ce beau spectacle n'était pas cependant à comparer à celui que nous avions vu la veille, dont aucune description ne peut rendre compte.

Nous éprouvâmes presque autant de difficultés pour descendre, que nous en avions eues pour monter ; bien que les guides ne lâchassent pas les chevaux, nos dames n'étaient

pas rassurées en les voyant marcher aux bords des précipices, chose toujours plus effrayante à la descente qu'à la
montée.

Arrivés sains et saufs à Grindelwald, nous avons regagné
Interlaken en voiture. Pour aller à Lucerne, nous avons
d'abord traversé le délicieux lac de Brienz dans une barque
à rames couverte d'une tente, car il n'y avait pas encore de
bateaux à vapeur.

En route, nous fîmes une pause à la gracieuse cascade du
Giesbach, où l'hôtel n'existait pas encore ; mais une famille
patriarcale recevait cordialement les étrangers, et leur faisait les honneurs des échos du lac, avec la trompe tradition-
nelle du pays.

Au bout du lac une voiture légère nous conduisit à Mey-
ringen, où nous avons couché.

Le lendemain matin, après avoir admiré la belle cascade
du Reienbach, nous prîmes quatre chevaux de selle et deux
guides pour traverser le col du Brunig, et cheminer ainsi
jusqu'à Alpenach sur le bord du lac de Lucerne.

Au sommet du Brunig, nous entrâmes dans un épais
brouillard qui nous cachait presque complètement le chemin ; les chevaux des dames étaient conduits à la main par
nos guides, et les nôtres suivaient docilement leurs chefs
de file.
Nous arrivâmes ainsi sans encombre à Lungern où nous
retrouvâmes notre ami le soleil, qui après deux heures
d'absence ne nous a plus quittés.

Nous y fîmes halte ; après déjeuner, pendant que ces dames se promenaient, du bout de mon crayon, je croquais quelques paysannes en costume pittoresque du canton, jupons courts et cheveux relevés à la chinoise, avec une crête énorme de dentelles sur le chignon.

Après avoir traversé la vallée, et côtoyé le petit lac de Sarnen, aujourd'hui presque desséché, nous quittâmes nos montures près d'Alpenach, pour entrer dans une petite barque à rames que deux vigoureux descendants de Guillaume Tell conduisirent en quelques heures à Lucerne, sur le beau lac des Quatre-Cantons, dont l'aspect abrupte et varié diffère complètement de celui de Genève.

Nous n'eûmes pas la tentation de monter au Righi, ce jour-là couvert de nuages ; nous avions assez du Faulhorn, où nous étions montés assez haut pour voir les nuages à l'envers et nous étions persuadés que nous ne pourrions rien voir de plus beau.

Ce qui fait la renommée du Righi, c'est le panorama des Alpes Bernoises, dont nous venions de jouir d'un observatoire beaucoup plus rapproché.

Nous retrouvâmes exactement notre fidèle Antoine, qui depuis deux jours nous attendait avec nos équipages ; c'est alors qu'il nous fit la fameuse réponse bien souvent citée depuis, et qui n'en mérite pas moins d'être conservée :

En nous contant les embarras de sa route et les peines qu'il avait eues pour se faire comprendre, lorsqu'il demandait son chemin, il nous disait : Les gens de ce pays sont si bêtes ! ils ne comprennent ni le français ni le patois, enfin rien ! absolument rien ! c'est bien étonnant que j'aie pu m'en tirer.

9

Enfin il y était, c'était l'essentiel ; rien ne manquait dans notre matériel de voyage et, chose surprenante, on ne l'avait pas trop écorché !

Après une journée passée à Lucerne, pour voir la ville, ses églises, le fameux lion commémoratif de la défense du roi Louis XVI par les régiments suisses à Versailles, et les vieux ponts de bois aux curieuses peintures, nous continuons notre voyage par Soleure.

Ma mère était heureuse de faire une visite inattendue à M. Franchet d'Espéray qui s'y était réfugié après la chute des Bourbons en 1830. Cette occasion de le voir était aussi pour moi un plaisir ; j'en avais entendu parler si souvent ! Il était seul avec ses fils, madame et ses filles étaient absentes. M. Franchet nous reçut comme de vieux amis ; il embrassa cordialement ma mère et ma cousine. Les jeunes gens baisèrent respectueusement les mains de ces dames ; quoiqu'ils fussent encore bien petits, ils avaient déjà de grandes manières ; cela du reste n'avait rien qui pût nous étonner, l'un d'eux était filleul du roi Louis XVIII.

De Soleure nous rentrâmes en France, toujours à petites journées, par Neufchâtel, Pontarlier et Dôle, où nous restâmes un jour chez mon oncle Camille Jordan, qui s'y était fixé après son mariage.

Nous avons été de retour à Lyon exactement pour le 1er octobre, après un voyage d'un mois, par le plus beau temps du monde, car nous n'avion eu qu'une demi-journée de pluie, entre Thun et Interlaken.

Nous étions arrivés en même temps, au bout de notre voyage et au bout de notre argent.

Voici le résumé sommaire et approximatif de nos dépenses :

Le prix des tables d'hôte dans les premiers hôtels ne dépassait jamais 3 francs vin compris, souvent il était inférieur ; dans les chambres doubles, le prix d'un lit était en général de 1 franc par jour. Le déjeuner du matin ne coûtait que 50 à 60 cent.

Notre dépense normale par personne était donc de 5 francs par jour à peu près ; pour quatre, cela faisait 20 francs, pour trente jours 600 francs. Il nous était donc resté 400 francs pour le domestique, le cheval et les dépenses supplémentaires de l'Oberland.

Aujourd'hui, pour le même temps et le même parcours, il faudrait certainement dépenser le triple. Je le sais par expérience, car je suis retourné bien souvent en Suisse depuis 1834 ; j'ai revu presque toutes les villes que j'avais alors visitées ; j'ai revu l'Oberland, il n'y a pas très longtemps.

De tous mes voyages, le plus ancien, que je viens de raconter, est celui dont je me souviens le mieux ; si mon esprit et ma mémoire ont conservé une vive impression des magnificences vues à cette époque lointaine, mon cœur conserve avec plus de charme encore le souvenir de mes compagneset de mon compagnon.

CHAPITRE V

Voyage en voiturin d'Allemagne en Italie où l'on met
quarante jours pour aller de Francfort-sur-le-Mein
à Florence, sur l'Arno, et retour en Auvergne
par Gênes, Marseille et les Cévennes,
en 1839.

LES trois voyageurs dont je vais vous parler vous
les connaissez déjà, lecteur, c'étaient ma mère,
mon frère et moi.

Depuis notre voyage en Suisse, de 1834, nos situations
avaient changé. Poursuivant ma carrière, j'avais été envoyé
comme ingénieur du Gouvernement à Clermont, en Auvergne, où j'étais depuis 1836.

Mon père et mon oncle, François Aynard, étaient bien
venus, les premiers, pour établir des bateaux à vapeur sur
la Saône et sur la Méditerranée, de Marseille à Naples ;
mais cette application d'une invention nouvelle, encore
dans l'enfance, ne leur avait pas donné les résultats qu'ils
en attendaient. Il était arrivé ce qui arrive presque toujours,
c'est-à-dire, qu'à leurs dépens, ils avaient ouvert la voie

pour d'autres, qui, bientôt après eux, devaient y faire des grandes fortunes.

Mon frère, qui désirait suivre la carrière du commerce, avait dû chercher ailleurs. Désirant étudier la banque, il avait obtenu de M. Louis Mas, allié de notre famille, chef d'une grande maison en rapports fréquents avec l'Allemagne, une recommandation pour M. de Neuville, banquier à Francfort-sur-le-Mein; M. de Neuville avait bien voulu le recevoir chez lui, et ma mère l'avait accompagné dans ce noviciat à l'étranger.

Après deux hivers passés à Francfort, ma mère y fut très malade; les médecins déclarèrent, au mois de janvier 1839, que le pays ne lui convenait pas, et qu'il fallait absolument le climat de l'Italie pour la guérir.

Il fut donc décidé que ma mère et mon frère partiraient le plus tôt possible pour Florence, à petites journées, et que, si je pouvais, je ferais avec eux ce voyage.

Diverses circonstances de service m'avaient déjà mis en rapport avec M. Legrand, directeur général des Ponts et Chaussées, alors tout puissant, qui voulut bien m'accorder un congé motivé, de deux mois, pour accompagner ma mère.

Je partis de Clermont au milieu de février; je me rendis à Lyon par la diligence et de Lyon à Strasbourg par la malle de poste. Je ne pouvais pas y passer sans faire les deux choses obligatoires : visiter la cathédrale de la base au sommet de la flèche, et faire une commande à Doyen, rue du

Dôme, pâtissier de vieille souche, pour un cadeau de ma mère à M. de Neuville.

Après avoir traversé le Rhin sur un pont de bateaux, j'allai jusqu'à Francfort par les voitures publiques du grand-duché de Bade. Je vis en passant Carlsrhue, ville de résidence ducale, Heidelberg avec son vieux château et Darmstad avec ses larges rues.

Dans cette région, l'industrie du transport des personnes et des lettres faisait l'objet d'une concession, dont le titulaire était le prince La Tour et Taxis; lui seul avait le droit d'établir des voitures publiques suivant un tarif fixé d'avance et modéré; mais en échange de ce privilège, il était obligé de transporter *tous* les voyageurs, quel qu'en fût le nombre.

Quand il n'y avait plus de places dans les grandes voitures du service régulier, on faisait partir de petites voitures de supplément; ce système avait le grand avantage de ne pas obliger les voyageurs, comme en France, à retenir leurs places longtemps d'avance, sous peine de ne pas partir au moment voulu.

Je trouvai ma mère très changée; sa vie cependant ne paraissait pas en danger; elle souffrait de violents maux d'estomac. L'époque de notre départ fut fixé, et je restai une dizaine de jours à Francfort, assez de temps pour être présenté dans les principales maisons où ma famille était reçue.

Je trouvai des mœurs et des habitudes bien différentes des nôtres.

On était au milieu de l'hiver; il faisait très froid; cependant, dans les appartements, toutes les portes intérieures étaient ouvertes.

Les portes extérieures donnaient toutes sur des tambours qui permettaient toujours d'avoir doubles portes, évitant ainsi l'introduction directe de l'air du dehors.

Sur un grand nombre des portes extérieures, on lisait cette inscription en gros caractères : *Man bittet die thuren zuzu macheu* (on est prié de fermer les portes).

La température était uniforme dans l'intérieur de l'appartement; une fois entré, on n'avait donc plus à se préoccuper de fermer les portes, qui souvent même n'existaient pas; ni d'être exposé aux courants d'air, puisqu'ils ne sont que le résultat de la différence de température entre deux milieux. Cette chaleur uniforme s'obtenait au moyen de grandes poêles de faïence qui chauffaient sans montrer le feu.

De même qu'en Angleterre, on ne reçoit jamais dans une chambre à coucher. Quelquefois, on recevait dans la salle à manger, ou je crois plutôt que l'on mange quelquefois dans la pièce où l'on reçoit les visites.

On met et on enlève les tables et le couvert très rapidement, de sorte que l'espace est entièrement libre quand on ne mange pas.

Aussitôt que nous étions reçus dans une visite, quelle que fût l'heure, on nous apportait des tasses de café et des gâteaux sur une petite table mobile.

Dans beaucoup de maisons, à la fenêtre près de laquelle madame travaillait, une glace inclinée reflétait tout ce qui se passait dans la rue. Quand une visite frappait à la porte, la maîtresse de maison distinguait parfaitement celui qui se présentait.

Avec ma famille, je suis allé dîner chez le vieux M. Gontard (alt Gontard), suivant la façon de parler du pays; c'était une des fortes têtes de la ville, et le chef d'une des premières maisons de banque.

On ne buvait jamais l'eau et le vin mélangés; le grand verre était pour l'eau, les petits pour le vin; les dames n'en buvaient presque pas.

Les pains ordinaires étaient partout des petits pains tendres comme les pains dits viennois, que l'on mange à Paris depuis peu de temps, relativement à Francfort.

C'est là, chez M. alt Gontard, que pour la première fois et la seule jusqu'a présent, j'ai mangé du caviar, œufs d'esturgeons salés; c'était un mets rare, qui venait directement de Russie; il paraît qu'on nous faisait beaucoup d'honneur; je pensais, en me tordant la bouche, que c'était se donner beaucoup de peine et dépenser beaucoup d'argent pour quelque chose de bien mauvais.

Dans une visite chez M. Maurice Betmann, j'ai vu, je crois, la plus belle statue des temps modernes, l'Ariane du sculpteur Dannecker; elle est assise sur un léopard. Ce groupe en marbre blanc, parfaitement équilibré, peut tourner facilement sur un pivot, pour recevoir la lumière sur toutes ses faces.

J'ai assisté, avec mon frère, à un grand bal, dans un des hôtels magnifiques de la Zeil, chez un des principaux banquiers de la ville, dont j'ai oublié le nom. En dehors des grands bals officiels de Paris, aux Tuileries ou à l'Hôtel de Ville, je n'ai jamais vu plus belle fête; elle présentait un aspect particulier pour un Français.

Tout le monde arrivait à l'heure indiquée, neuf heures, je crois.

La réception avait lieu dans de grands salons, où rien n'était disposé pour la danse, mais au contraire, tout était disposé pour s'asseoir.

A un signal donné, chaque cavalier prenait le bras de sa danseuse et suivait la file, qui se dirigeait au travers d'un autre grand salon, garni de chaque côté d'une trentaine de tables de jeux, autour desquelles les joueurs de whist étaient déjà installés.

Au bout du salon de jeux, une grande porte cintrée s'ouvrait devant les danseurs, qui pénétraient alors dans une grande galerie formant salle de bal; ici tout était préparé pour la danse; il y avait de la place pour soixante groupes de valseurs au moins. La valse était l'exercice dominant; elle commençait toujours par une promenade au pas rythmé, pendant laquelle on pouvait causer avec sa danseuse et faire une espèce de connaissance. On jouait les valses de Strauss, alors dans toute leur nouveauté.

Il n'y avait là que des jeunes filles; on me montra, comme chose extraordinaire et peu convenable, deux jeunes femmes.

Les mères étaient restées dans les salons de conversation; il y en avait même plusieurs qui étaient restées chez elles, confiant leurs filles à leurs amies. Toutes parlaient bien le français.

Ayant témoigné à une de mes danseuses ma surprise de trouver des habitudes si différentes de celles de la France, où les jeunes filles alors allaient peu dans les grands bals, elle me répondit par cette question : « Comment les jeunes filles peuvent-elles se marier ? » Lui ayant dit qu'en France, les parents se chargeaient le plus souvent d'arranger les choses, elle ajouta : « Oh ! ici, nous aimons mieux faire nous-mêmes cette besogne. »

Daus ce pays, les filles, en général, avaient très peu de dot ; tout jeune homme admis dans une maison pouvait concourir pour obtenir la jeune fille qui lui plairait davantage et de laquelle il serait agréé. L'admission dans une société ne se faisait pas à la légère ; il fallait être connu ou avoir de bons répondants. Il résultait de ces habitudes une grande liberté d'allures entre les jeunes gens et les jeunes filles, surprenant les Français qui n'y étaient pas accoutumés.

Ma qualité de Français était alors, dans ce pays d'outre-Rhin, un titre particulier à la considération ; hélas ! aujourd'hui, il n'en serait plus de même.

On sut bientôt que j'étais ingénieur des Ponts et Chaussées ; on s'empressa de me montrer ce qui pouvait m'intéresser, sans attendre que j'en fisse la demande.

On venait d'établir une distribution d'eau, au moyen de captage de sources, au Taunus, près de la Forêt-Noire, par des galeries souterraines ; on m'y conduisit avec empressement. Les employés firent jouer exprès pour moi quelques-uns des jets d'eau réservés pour les cas d'incendie. Ainsi, déjà en 1839, on jouissait à Francfort d'un établissement qui n'a été installé à Lyon que vingt ans plus tard.

La maladie de ma mère nous obligeait aux plus grandes précautions, et de plus à une alimentation particulière. Les médecins, qu'elle avait consultés, lui avaient ordonné de se nourrir uniquement de jambon. Nous en fîmes donc provision, c'étaient des jambons fumés de Mayence; nous étions dans le pays. Nous les avions fait cuire chez [le boulanger, dans une enveloppe de pâte, recette alors en France inconnue. On les mettait dans le four aussitôt après la cuisson du pain.

Nous nous sommes si bien trouvés pour ma mère de ce régime thérapeutique, et pour tous de ce procédé culinaire, qui eût fait le bonheur de Brillat-Savarin, que je considère cette double communication à mes lecteurs, comme une indemnité suffisante de la peine qu'ils ont prise de me lire jusqu'ici.

Nous devions faire le voyage en voiturin à petites journées; c'est-à-dire, prendre une voiture particulière d'une ville à l'autre, en séjournant un peu dans chacune, suivant son importance et surtout suivant les forces de ma mère.

Nous sommes partis à la fin de février, dans une calèche qui nous conduisit d'abord à Aschaffenbourg, puis à Wurtzbourg, ville assez curieuse; j'ai conservé particulièrement le souvenir du pont dit : Pont-aux-Evêques, ainsi nommé à cause des statues qui le décorent.

Nous arrivâmes le 1er mars à Nuremberg, ville ancienne, située sur la Pegnitz, affluent du Danube, et des plus intéressantes. On y trouve un grand nombre de maisons du Moyen Age bien entretenues et bien conservées.

On voit un château des Kaisers (Césars), beaucoup de tableaux d'Holbein, d'Hemeling et surtout d'Albert Durer et de son maître Lucas Krannach.

Albert Durer, né en 1471, était nurembergeois ; plusieurs de ces peintures m'ont laissé le souvenir d'œuvres bien supérieures à celles que nous avons en France, des mêmes auteurs.

Il y a dans le même château, une chapelle byzantine de 1100, et des sculptures en bois très remarquables de Wreit-Stoss. L'hôtel de ville (Rathhaus) est fort curieux, il date de 1340 ; il faut voir le plafond de la galerie du deuxième étage.

Les églises les plus importantes sont :

Saint-Laurent dit Munster ou dôme de style gothique, remarquable par le nombre des statues et de belles stalles sculptées ; Fraunkirche, vieux gothique, avec de très beaux vitraux ; enfin, Saint-Sébalde, transition du saxon au gothique.

C'est là qu'est le tombeau en bronze de saint Sébalde, fait par Pétrus Fischer ; il est orné de nombreuses petites statuettes, dont j'ai trouvé par hasard, à Paris, deux reproductions en plâtre, que j'ai toujours précieusement conservées : l'une représente saint Sébalde portant dans sa main, le modèle de son église et l'autre Pétrus Fischer lui-même, en costume de travail. Ce tombeau est un chef-d'œuvre tout à fait hors ligne.

Dans la chapelle de Saint-Maurice, près de Saint-Sébalde il y a un musée de tableaux remarquables ; le plus beau de tous est un *Ecce homo*, de grandeur naturelle, par Albert Durer.

Pour les amateurs du Moyen Age, je doute qu'il existe au monde une ville plus curieuse que Nuremberg pour elle-même et pour ses collections de tableaux, etc., elle mérite à elle seule le voyage de Bavière.

Chose assez étrange aujourd'hui le grand commerce de Nuremberg, ville gothique, est la fabrication des jouets d'enfants.

Nous avons passé à Augsbourg les 5, 6 et 7 mars. Il y a de belles choses à voir : l'hôtel de ville avec sa grande salle dite salle d'or et de superbes églises où sont de beaux tableaux de l'ancienne école allemande et autres, ainsi que dans la galerie royale.

Dans une petite ville ignorée, entre Augsbourg et Nuremberg, où nous avions couché, je demandai à la servante qui préparait nos chambres, si elle voyait beaucoup de voyageurs ; elle me répondit que la veille on avait logé dans l'hôtel, des Anglais comme nous. Comment connaissez-vous que nous sommes des Anglais ? A ma question elle s'empressa de répondre : Parce que vous parlez français.

La conclusion naturelle de ce petit entretien, c'est que le français est la langue étrangère la plus répandue en Allemagne, puisqu'elle sert de moyen de communication entre les Anglais et les Allemands. Dans tous les hôtels nous trouvions des domestiques parlant français et dans presque dans toutes les boutiques nous pouvions nous faire comprendre.

Avant d'arriver à Augsbourg, nous avions traversé le Danube, presque sans nous en douter, à Donnauworth, non loin de sa source.

En quelques heures nous sommes allés d'Augsbourg à Munich, toujours de la même manière en voiturin de location ; nous y avons passé plusieurs jours, car la ville le mérite. Nous étions très bien logés à l'hôtel du Cerf-d'Or. Je n'entreprendrai pas d'en faire la description, cela serait beaucoup trop long.

Les musées connus sous les noms de Glyplothèque (sculpture) et de Pynacothèque (peinture) méritent particulièrement l'attention. Dans une seule et magnifique salle j'ai vu quatre-vingts tableaux de Rubens.

La bibliothèque est construite sur le modèle des palais italiens du Moyen Age.

Il y a beaucoup d'églises très belles et tout à fait modernes copiées sur les différents styles anciens.

On visitait alors à Munich la célèbre fabrique de verre et d'instruments d'optique de Erthel. Nous vîmes aussi l'Isaar-Thor, porte de l'Isaar, près de la rivière de ce nom, sur laquelle se trouvait une fresque très curieuse de Neher et Kœgel, représentant une entrée triomphale.

Dans ces différentes villes, ma mère se reposait en se levant tard ; mon frère et moi nous voyons dans la matinée tout ce que nous pouvions, et nous conduisons ensuite ma mère en voiture sur les lieux remarquables.

Nous nous dirigeâmes sur l'Italie par Innsbruch (pont sur l'Inn). Cette ville est au fond d'un vallée profonde entourée de montagnes très élevées alors couvertes de neige. Nous avons eu très froid, et nous avions beaucoup de peine à en préserver ma mère, malgré de nombreuses couvertures et des bouillottes dont nous changions l'eau dans chaque village.

Ce qu'il y a de plus curieux à Innsbruck après sa position, c'est le tombeau de Maximilien Ier, empereur en 1493, dans l'église de la cour ; il est orné de bas-reliefs en marbre blanc et entouré de vingt-huit statues de guerriers colossaux en bronze, qui font un effet des plus surprenants.

Il y avait encore à cette époque, des hommes et des femmes portant le costume tyrolien, dont j'ai conservé le souvenir dans mon album.

De là nous nous sommes dirigés sur Vérone, en traversant le Brenner, montagne qui sépare la vallée de l'Inn, affluent du Danube, de la vallée de l'Adige, affluent du Pô.

Il y a donc quarante-neuf ans que dans le même mois de mars, je suivais mais en sens inverse, la route que suivent aujourd'hui le 11 mars 1888, le malheureux Kronprinz et l'impératrice Victoria allant de San Remo à Berlin recevoir la couronne laissée par Guillaume à Frédéric III.

C'est plus que jamais le cas de dire devant cette tombe, ce que dit Lamartine pour Napoléon : Dieu l'a jugé, silence !

Quant à nous pauvres Français de 1888 ! que nous préparent ces grandes catastrophes de l'histoire ? Sans nous laisser abattre par les tristesses de notre malheureux pays, écoutons encore du côté de Rome les échos du 1er janvier 1888, dans la basilique de Saint-Pierre; prions, espérons et disons : Dieu seul le sait, courage !

Le kronprinz doit aller en trente-six heures de San-Remo à Berlin, sans quitter le chemin de fer, et même sans changer de voiture ou de salon ; notre voyage ne se faisait pas précisément dans les mêmes conditions.

Le Brenner était tout blanc de neige ; la route était impraticable aux voitures ; on fut obligé de démonter la nôtre, et de mettre la caisse sur un traîneau, après avoir enlevé les roues.

Nous étions le 16 mars 1839 au col du Brenner. On faisait des travaux considérables et fort ingénieux, pour empêcher les encombrements. La neige était assez dure pour qu'on pût la couper en blocs cubiques de 0m30 à 0m40 de côté ; avec ces blocs on construisait des murailles très épaisses et très hautes, perpendiculaires à la direction du vent; derrière ces murs, la neige s'accumulait, au lieu de venir encombrer la route.

En descendant du Brenner, nous avons traversé Brixen, Botzen et Trente dans la vallée de l'Adige.

La route était bonne, mais souvent trop étroite; dans certains passages deux voitures pouvaient à peine s'y croiser ; avant Vérone à l'entrée de la Lombardie, elle est très escarpée ; l'Adige coule entre deux massifs de rochers taillés à pic.

A Trente, capitale du Tyrol italien, nous avons visité la cathédrale où s'est tenu le célèbre concile ; elle est de style roman. Le souvenir particulier que j'en ai conservé, est une porte latérale, dont les colonnes extérieures reposent par leurs bases sur des animaux fantastiques.

Après un voyage aussi mouvementé, ma mère avait besoin de repos. Elle s'arrêta quelques jours à Vérone avec mon frère ; ils devaient aller plus tard à Venise. Je profitai de cette halte pour y faire tout seul une excursion, chose qui ne me serait pas possible de faire plus tard ; je n'en étais qu'à une journée. Je m'en applaudis d'autant plus que je n'ai pas eu l'occasion d'y retourner.

Après avoir visité les arènes, monument romain très bien conservé, je quittai la patrie de Paul Véronèse pour me diriger sur Venise, en passant par Vicence, où j'admirai, de la diligence, un beau monument de Palladio (xvie siècle).

J'arrivai à Venise pendant la nuit, à une heure du matin, le 20 mars. Il n'y avait alors aucune voie de communication entre la ville et la terre ferme ; on ne pouvait donc y aborder qu'en bateau.

Les voitures déchargeaient au bord de la mer les voyageurs et les bagages ; là on entrait dans des gondoles couvertes pouvant contenir huit ou dix personnes, conduites par deux rameurs qui se tenaient debout au deux extrémités du bateau, en dehors de la partie couverte, manœuvrant chacun avec une seule rame. C'est ainsi que nous arrivâmes au bout de trois quarts d'heure au quai des Esclavons, à l'hôtel de l'Europe (buona locanda).

Tout le monde aujourd'hui connaît assez Venise la belle, ou pour l'avoir vue, ou par des photographies, pour qu'il soit nécessaire d'en faire la description. En consultant mes notes de voyage j'y trouve cette phrase à la page de Venise : *Niente dire, bisogna vedere et ricordarsi.* Ce mauvais italien peut ainsi se traduire : On ne peut rien dire, il faut voir et se souvenir.

Je ne parlerai donc pas de Saint-Marc, du Palais des Doges, du grand canal, du Rialto, que le lecteur connaît aussi bien que moi.

J'étais descendu à l'hôtel de l'Europe ; l'expression n'est pas juste, j'aurais dû dire monté ; car de la gondole au quai, je n'étais pas descendu, et j'avais dû monter bien davantage pour aller au bureau de l'hôtel.

A Venise, les étages supérieurs étaient alors les plus recherchés, à cause de l'humidité et de la mauvaise odeur des cananx. La table d'hôte et les meilleures chambres, y compris la mienne, étaient au quatrième étage. En 1839, il en était ainsi partout ; on m'a dit que, maintenant, cet usage est moins général.

Mon voyage à Venise était tout à fait improvisé ; je n'avais donc aucune espèce de recommandation ; mais j'avais déjà assez l'expérience des hommes et des choses pour me tirer d'affaire, même en pays étranger.

Il est vrai que si je n'avais pas la modestie d'Antoine, de notre voyage de Suisse, j'avais ma carte de visite qui portait ma double qualité de Français et d'ingénieur des Ponts et Chaussées, établie du reste par mon passeport, dont il était tout à fait indispensable d'être porteur, quand

on voyageait hors de France, surtout dans les Etats autrichiens, dont Venise faisait partie.

Je pus constater que cette double qualité pouvait facilement, comme à Francfort, m'ouvrir toutes les portes.

Notre consul, que j'allai voir, m'offrit une lettre d'introduction pour l'ingénieur en chef. Elle portait sur l'enveloppe cette inscription : *A l'illustrissimo signor Bisognini
ingégniere in capo.* (Au très illustre seigneur Bisognini ingénieur en chef.) En Italie il suffisait d'avoir une position
pour être décoré du titre d'illustre ou même très illustre.

Le signor ingénieur en chef était un fort brave homme
qui me témoigna beaucoup d'intérêt, mit tous ses bureaux
à ma disposition et me fournit beaucoup de renseignements
sur les travaux du port de Venise, dont il s'occupait particulièrement.

Il me donna beaucoup de documents imprimés, plans
devis, cahiers des charges employés dans son service, et je
pus constater que les Italiens avaient précieusement conservé toutes les traditions de ce qui avait été établi par les
ingénieurs des Ponts et Chaussées français, à l'époque où la
Lombardie nous appartenait par droit de conquête, ou peut-
être simplement par conquête.

Le matin de mon arrivée, un gondolier m'avait fait ses
offres de service sur le quai des Esclavons. Pour la somme
de 3 francs par jour, pour lui et sa gondole, il me servit de
gondolier et de guide pendant tout mon séjour, soit dans
les canaux, soit dans les rues de Venise.

Mon temps était très limité; je ne pouvais y passer que trois jours; c'était assez pour voir l'extérieur de la ville, mais pas assez pour voir l'intérieur des palais et leurs collections. Mais on ne verrait que Saint-Marc et le Palais des Doges que ce serait assez.

Dans toutes les villes étrangères que j'ai visitées, il y en a deux qui ont un cachet particulier, mais bien différent, qui les distingue de toutes les autres : Venise, et Edimbourg dont je parlerai plus tard; toutes deux m'ont laissé un profond souvenir.

Je retrouvai ma mère assez bien pour continuer notre voyage; nous étions déjà en Italie, mais nous n'avions pas encore retrouvé la chaleur. Pendant tout mon séjour à Venise, je n'avais pas quitté mon manteau.

Notre projet était de conduire ma mère à Florence, où elle devait séjourner quelque temps.

Nous trouvâmes à Vérone, un voiturin de retour qui, pour un prix modéré, se chargeait de nous transporter à Florence (80 ou 100 francs). Dans le prix du voyage, tout était compris, le transport, le logement et la nourriture dans les auberges où nous devions coucher, au sommet des Apennins et ailleurs.

La voiture avait quatre bonnes places d'intérieur.

Le conducteur nous dit qu'un autre voyageur était disposé à venir avec nous, si nous voulions l'admettre, et que naturellement, il payerait un quart de la dépense.

La personne en question s'étant présentée, nous vîmes un Français d'assez bonne figure, de trente-cinq à quarante ans, qui n'avait pas la tournure d'un commis-voyageur ; mais, je crois cependant que ce n'était pas autre chose. Il n'y avait pas de raison apparente pour refuser sa société, il y en avait deux pour l'admettre :

La première, c'est que nous étions un peu inquiets de traverser ces montagnes à la discrétion d'un conducteur inconnu, qui devait nous faire passer la nuit dans son auberge ; tout naturellement, les histoires de brigands italiens nous venaient à l'esprit, et nous ne pouvions pas nous empêcher de fredonner les airs de *Fra Diavolo*. Le nouveau voyageur nous paraissait donc un renfort, qui n'était pas à dédaigner.

Le second motif était d'une autre nature : la bourse de ma mère n'était pas inépuisable ; une économie n'était donc pas à refuser.

L'équipage était des plus engageants ; nous partîmes de Vérone au bruit réjouissant des grelots de quatre petits chevaux noirs comme le jais, harnachés d'une manière brillante, à la mode italienne, avec des pompons du rouge le plus éclatant, en têtes et queues.

Au moment où nous sortions de la ville, deux jeunes filles se présentèrent et firent signe au cocher d'arrêter. Il descendit de son siège et nous dit fort poliment, en italien, bien entendu (depuis que nous avions quitté l'Allemagne personne ne nous parlait plus français), que ces *Donne* demandaient la faveur de monter dans la voiture, c'est-à-dire à côté de lui sur le siège couvert, qui formait un compartiment tout à fait séparé.

Les *Donne* étaient d'un extérieur agréable et très décent ; nous n'avions pas de motifs sérieux pour refuser le service.

qu'on nous demandait ; les voilà donc bien vite installées à
côté de notre conducteur ; nous supposâmes que ce coup
de théâtre était préparé d'avance.

A peine fûmes-nous arrivés en dehors des dernières
maisons, qu'une de ces jeunes filles se mit à chanter ; elle
avait une voix très belle et savait parfaitement s'en servir.
Nous eûmes cette distraction pendant une grande partie du
voyage.

Au moment des repas, nous fîmes plus ample connaissance, bien qu'elles n'entendissent pas un mot de français.
Elles étaient fort convenables ; cependant, quelque chose
dans leurs allures, si elles eussent été françaises, aurait pu
nous faire supposer que nous avions rencontré des actrices.
Elles se nommaient Maria Biffi et Camilla Beltromelli,
Bolognese, *ambe due* : nous n'en sûmes jamais davantage.

Malgré nos apprêts de défense, en cas d'attaque pendant
la nuit par les brigands, dont notre aubergiste devait faire
partie, et il faut convenir que les apparences de la *locanda*
pouvaient donner lieu à cette supposition, le jour arriva
sans le moindre incident ; et nous constatâmes avec plaisir
qu'on pouvait dormir paisiblement au sommet des Apennins comme ailleurs.

Avant d'y arriver, nous avions traversé Mantoue, place
très fortifiée, entourée d'eau, formant une île au milieu du
Mincio ; ces fortifications sont l'ouvrage des Français.

Après Mantoue, nous eûmes le Pô à traverser ; il n'y
avait aucun pont, ni même de bac à traille, mais un simple
bac amarré à une très longue corde, supportée de distance
en distance par de petits batelets.

Le fleuve étant très sinueux, la corde était attachée sur une des rives, en un point qui formait le centre d'un très grand cercle, dont le bateau décrivait une partie de la circonférence, en passant d'une rive à l'autre.

Tout cela était si mal organisé, qu'en s'embarquant, un de nos chevaux tomba dans l'eau ; ce n'est pas sans peine qu'on put l'en retirer sain et sauf.

Nous avons traversé rapidement Modène et Bologne ; nous y avons séjourné à peine le temps nécessaire pour que je pus y prendre quelques croquis.

Mon frère savait naturellement très bien l'allemand ; quant à moi, j'étais censé savoir l'italien, que j'avais appris en quarante leçons pendant mon année de philosophie, d'un professeur qui donnait en même temps des leçons à ma mère, il signor Cardelli, qui avait la désinvolture d'un évêque habillé en bourgeois (on m'a dit depuis, que si ce n'était pas un évêque, c'était au moins un abbé défroqué). Je constatai avec peine que mes quarante leçons, qui me permettaient de lire à peu près l'italien (Dante excepté), étaient bien loin de me mettre en état de bien parler, et surtout de bien comprendre la langue parlée. Deux mois en Italie auraient mieux fait que mes quarante leçons.

Nous arrivâmes sans encombre à Florence ; nous descendîmes à l'hôtel de l'Europe, chez Mme Humbert (elle vivait encore, en 1880, quand j'ai passé à Florence, en allant à Rome avec mon fils, mais elle avait quitté l'hôtel de l'Europe).

Je ne devais y passer que quelques jours. Je n'entreprendrai pas de faire la description des beautés de Florence, si remarquable par ses palais, son site, ses riches collections de tableaux et de statues, ses églises et ses jardins.

Il y avait alors dans le palais degli Ufficii une petite salle appelée la Tribuna, dans laquelle se trouvaient les statues antiques : la Vénus de Médicis, l'Apolline, le Faune dansant, les Lutteurs et l'Émouleur. Dans une grande et belle salle, nous vîmes les dix-sept statues du groupe de Niobé.

Je pus rester six jours à Florence, pendant lesquels je ne perdis pas mon temps. Il me faudrait plusieurs pages pour nommer seulement les richesses artistiques des palais degli Ufficii, Vecchio et Pitti ; c'est dans ce dernier que se trouve la célèbre Vierge à la Chaise de Raphaël, si souvent reproduite.

Je ne puis quitter Florence sans citer ses églises : le Dôme avec son campanile, le Baptistère, dont les portes de bronze ont servi de type pour celles de la Magdeleine à Paris, la chapelle San-Lorenzo, enrichie par les Médicis, où l'on admire la fameuse statue dite du Penseroso (le penseur), et les magnifiques tables en mosaïque du palais Pitti.

Il faisait encore très froid, et nous avions de la peine à nous chauffer ; il y avait bien quelques cheminées, mais quelle différence avec les poêles allemands ! Il est vrai que dans ces cheminées toutes petites et imparfaites on avait du feu tout de suite, avec quelques fagots et des bûches que l'on était obligé de placer verticalement comme des fusils dans un faisceau, tandis que dans les auberges d'Allemagne où nous arrivions pour souper et nous coucher, nous avions très chaud, mais seulement le lendemain matin, au moment de notre départ : cela pouvait être très commode pour les voyageurs arrivant après nous.

Malgré tout le plaisir que j'aurais eu de rester plus long-temps, il fallait penser à revenir ; j'avais deux mois de congé, il me restait juste le temps pour le retour. Le chemin le moins long demandait au moins huit jours par Livourne, Gênes, Marseille, Nîmes et Mende. Il fallait changer souvent de moyen de transport.

Lorsque je la quittai, ma mère était déjà beaucoup mieux ; elle devait rester à Florence jusqu'à son rétablissement complet. Cette nouvelle séparation était dure pour moi ; mais que faire ? Sinon mon devoir, sur lequel je n'avais pas la moindre incertitude.

Après avoir fait mes adieux à ma mère et à mon frère, que je ne devais pas revoir d'une année, je pris une place dans la voiture publique de Florence à Livourne.

Après avoir entrevu Pise, je pris à Livourne le bateau à vapeur qui faisait le service de Naples à Marseille, en s'arrêtant dans les villes principales du littoral.

Nous étions dans les premiers jours d'avril ; c'était le moment du retour des Anglais qui ont passé l'hiver en Italie, le bateau était surchargé de voyageurs, je ne trouvai pas de cabine disponible, on me donna pour lit un canapé du salon avec un matelas. Nous avions deux nuits à passer en mer. Si aujourd'hui j'aime assez mes aises en voyage, je peux dire qu'à cette époque la chose m'était à peu prés indifférente.

Nous partîmes de Livourne le soir, entre quatre et cinq heures, on se mit à table presque immédiatement ; nous étions cent vingt voyageurs aux premières, ou à peu près; il y avait beaucoup de dames anglaises ; c'était un coup d'œil très beau et très animé.

Quand la nuit fut venue et le couvert enlevé, je procédai à mon campement. Il faisait si chaud, qu'il me fut impossible de dormir, j'eus alors l'idée de transporter mon matelas sur le pont ; la nuit était magnifique ; deux ou trois de mes compagnons firent de même. Là en plein air, enveloppés dans nos couvertures, nous étions beaucoup mieux qu'en bas.

Au milieu de la nuit, quand j'avais déjà fait un somme, je fus réveillé tout à coup par un grand bruit et beaucoup de mouvement sur le pont : on courait, on criait en italien et en anglais !

Dans l'obscurité où nous étions, j'eus quelque peine à comprendre ce qui causait tout ce tumulte, augmenté de la terreur des Anglaises qui, sorties précipitamment de leurs cabines, n'ayant pas eu le temps ni le soin de reprendre leurs vêtements de dessus, circulaient dans tous les sens comme des fantômes blancs éperdus, ou comme les nonnes de Palerme dans l'opéra de Robert.

Nous marchions à toute vitesse, un petit bateau pêcheur, à l'ancre, s'était trouvé sur notre route; son équipage s'était endormi, sans avoir allumé le fanal réglementaire. Par une fatalité, qui arrive bien plus souvent qu'on ne pourrait le croire, la proue de notre navire l'avait rencontré; ces pauvres gens avaient eu un réveil encore plus pénible que le nôtre.

On s'empressa d'aller à leur secours ; il fallut mettre une chaloupe à la mer et leur tendre une corde pour s'amarrer.

Tout cela prit du temps, et nous étions fort inquiets des conséquences de l'accident. Enfin nous apprîmes avec plaisir qu'il n'y avait personne de noyé ; et notre navire se remit en marche.

A peine la machine avait-elle donné quelques coups de piston, que j'entendis distinctement crier : acqua ! acqua ! ces cris venaient de la mer ; le bâtiment pêcheur prenait l'eau et menaçait d'être submergé. On s'arrêta de nouveau ; dans l'obscurité où nous étions, je ne pus pas me rendre compte parfaitement de la manœuvre qui fut opérée ; je crois cependant que tout le personnel du petit bateau monta sur le nôtre, et que nous continuâmes à remorquer la barque chavirée jusqu'au port le plus voisin.

Le calme se rétablit peu à peu ; les dames anglaises qui, pour la seconde fois étaient sorties affolées de leurs cabines, y rentrèrent rassurées, et je repris ma position horizontale sur mon matelas étendu sur le pont, où il avait conservé sa place, remerciant Dieu d'en être quitte pour si peu. Notre voyage se continua sans encombre et nous arrivâmes à Gênes de très bonne heure le lendemain matin.

Par une disposition de service, heureuse pour moi, le bateau devait s'y arrêter toute la journée et repartir à cinq heures du soir pour Marseille. Je pouvais donc voir un peu Gênes que je ne connaissais pas.

Comme mon grand-père Henri Jordan, je trouvai qu'en arrivant par mer, on est frappé de l'aspect magnifique de Gênes. La ville contient quelques belles rues, les autres sont épouvantables.

Dans les belles rues, il y a des palais splendides dont j'ai pu visiter les intérieurs, ainsi que leurs superbes collections de tableaux, en donnant une légère rétribution qui souvent, disent les mauvaises langues, serait partagée entre les propriétaires et les gardiens. Gênes contient aussi de très belles églises.

Après avoir vu tout ce que je pouvais voir en un jour, je remontais sur mon navire, faisant à l'Italie mes adieux pour longtemps.

D'après notre programme nous devions arriver à Marseille le lendemain matin, mais nous avions certainement négligé la prière qu'Horace adressait au maître des vents, pour le vaisseau qui portait Virgile : *Ventorumque regat pater.* (Que le maître des vents le dirige.)

Jusque-là nous avions navigué comme sur un lac tranquille, au calme le plus complet avait succédé, non pas une tempête, car le ciel était toujours splendide, mais un vent très violent directement contraire ; notre bateau était fortement secoué et notre marche considérablement ralentie. Bien que ce fut mon premier essai de la mer, j'avais fait jusque-là très bonne contenance, mais après la seconde nuit je fus terriblement malade.

Je n'étais pas du reste le seul ; au déjeuner la table d'hôte si nombreuse la veille, était presque déserte ; chacun restait dans sa cabine, quand il avait la chance d'en avoir une ;

ceux qui, comme moi, en étaient privés, avaient la triste nécessité d'exposer en public toute leur misère ; du reste comme tout le monde, ou à peu près, en était réduit au même état d'infortune, chacun s'occupait de sa pauvre personne, sans trop de pudeur et surtout sans avoir le temps de se moquer des autres.

Les dames suppliaient le capitaine de relâcher en route, sans aller jusqu'à Marseille ; le capitaine aurait peut-être cédé, mais nous avions devant nous un autre navire, la Concurrence ; comme les marins le désignaient, qui continuait bravement sa route, malgré le mauvais temps ; son honneur était engagé, il prétendait ne pas pouvoir s'arrêter, si la Concurrence ne s'arrêtait pas ; et l'infame Concurrence marchait toujours !

Nous passâmes en vue de la rade de Toulon ; nous apercevions les sommets des mâts par-dessus les rochers. Un nouveau groupe de dames éplorées fit encore une démarche inutile auprès du capitaine, pour qu'il nous conduisît au port.

Le sort en était jeté, nous avions en perspective plusieurs heures de mal de cœur, et de vomissement général ; horreur ! nous étions affreusement ballotés ; cependant, nous marchions tout de même ; nous approchions en même temps de la nuit et du port de Marseille.

Je n'ai jamais éprouvé, je crois, un plus grand plaisir physique que le soulagement ressenti ce jour-là, en mettant le pied sur la terre ferme.

Quand nous entrâmes dans le port, il était huit heures du soir, la douane était fermée ; il fallut laisser tous nos bagages au bateau jusqu'au lendemain, ce qui était gênant ; mais nous étions à terre, le reste nous parut peu de chose.

(Je ferai remarquer ici, que malgré la révolution de 89, les habitudes de la douane n'avaient pas beaucoup changé depuis le voyage de mon grand-père en 1787 ; c'est à l'établissement des chemins de fer que l'on doit pour les douanes, l'organisation d'un service de nuit.)

Je ne pouvais pas passer à Marseille sans voir nos bons amis Magneval et Salavy ; je n'avais pas vu A... depuis l'époque où je l'avais trouvée à Lyon avec sa famille, fuyant le choléra qui fut si violent à Marseille en 1835. La jeune fille d'alors était devenue Mme de F... ; quand je la vis dans la maison de sa mère, elle tenait dans ses bras son fils aîné, qui n'avait pas un an. Tous me reçurent avec un cordial empressement, je quittai cependant cette famille avec un sentiment de tristesse dont je ne me rendais pas compte alors, et que plus tard les événements ont pleinement justifié.

De Marseille pour aller à Clermont, ma résidence, je pouvais suivre deux routes : par Lyon ou par Nismes qui étaient à peu près de même longueur. Je choisis celle de Nismes qui me permettrait peut-être de revoir quelques-unes de mes anciennes connaissances de ma mission de 1835 ; je m'arrangeai pour y passer une journée.

Je trouvai là mon brave ingénieur en chef, qu'entre camarades, on appelait le père Vinard ; il n'était pas trop changé. Didion et Talabot étaient absents et fort occupés de leur premier chemin de fer d'Alais à Tarascon.

Le père Vinard était toujours très conteur; avec sa bon-
homie ordinaire, il me raconta que Didion faisait très mal
son service, parce qu'il s'occupait de tout autre chose; que
plusieurs fois il était allé chez lui, exprès pour lui en faire
très sérieusement le reproche, mais que ce garçon-là était
si aimable, que jamais il n'avait eu le courage de lui rien
dire à ce sujet.

Je n'avais pas trop le temps de faire d'autres visites; le
hasard me fit rencontrer à la promenade de Lafontaine, la
séduisante Mᵐᵉ d'Au..., la reine des matinées artistiques de
1835, dont j'ai parlé dans mes salons d'autrefois; hélas!
tout cela avait disparu; les maîtres de postes n'ont jamais
été plus montés contre les chemins de fer, que ne l'était
alors cette pauvre Mᵐᵉ d'Au...

Didion et Talabot avaient été accaparés, et les fameuses
matinées en étaient mortes; Nismes n'était plus tenable,
aussi elle n'y resta pas longtemps.

Je désirais bien aussi m'arrêter à Anduze et au Pont-de-
Salindre, où j'avais passé quelques mois comme élève en
mission; mais la chose ne me paraissait pas possible. Je
pris ma place dans une diligence qui, en trois jours et
quatre nuits, devait me rendre à Clermont. En route, il me
vint une idée qui me permit de réaliser cette visite d'Anduze, jugée d'abord impossible.

Les diligences prenaient toujours une heure de repos
pour dîner; on devait s'arrêter à Saint-Jean-du-Gard, plus
loin que le Pont-de-Salindre; pendant le temps du relai à
Anduze, je m'informai rapidement si je pouvais trouver une
petite voiture qui me conduirait à Saint-Jean-du-Gard, et

me ferait rejoindre la diligence à la fin du dîner. Ma combinaison put s'arranger, je prévins le conducteur ; j'avais une heure pour revoir Anduze et mes anciennes connaissances.

Un homme de loisir, qui n'a presque rien à faire, trouve qu'une heure c'est bien peu de temps pour entreprendre quelque chose ; quand on est très pressé et qu'on sait s'y prendre, c'est étonnant ce qu'on peut faire en une heure !

Je n'avais pas oublié le chemin de la poste aux lettres, je n'avais pas oublié non plus, que tenue par des dames, c'était un bureau de renseignements.

Rien n'était changé depuis quatre ans; je m'empressai de le dire à Mlle P..., jolie brune, qui le prit pour un compliment, comme c'était du reste mon intention, en me disant, de son côté, qu'elle m'avait reconnu sans peine. Je lui demandai des nouvelles de tout le monde.

Elle s'empressa d'appeler sa mère pour prendre sa place, et comprenant tout de suite que je n'avais pas de temps à perdre, elle prit mon bras et me conduisit à côté dans un grand jardin, où nous trouvâmes Mlle F..., la blonde; au lieu de tenir comme autrefois sa guitare, elle portait dans ses bras un petit enfant qui lui appartenait; depuis mon départ, elle avait su charmer un capitaine de la ligne, qui avait donné sa démission pour l'épouser.

Ma voiture m'attendait au moment convenu, je pris congé de ces dames et je m'acheminai vers la petite ville de Saint-Jean-du-Gard, après m'être muni de pain et de fromage pour remplacer mon dîner.

En arrivant à Salindre, j'eus le plaisir de traverser le Gardon sur le pont neuf, dont quatre ans auparavant j'avais

commencé les fondations; je me rappelle avoir vu cette
rivière, torrentielle s'il en fut, s'élever, par une crue subite,
de 7 mètres de hauteur en une seule nuit. Je pus m'arrêter
quelques minutes chez mes anciens hôtes, qui habitaient
toujours la même maison; je les remerciai de nouveau de
leur ancienne hospitalité presque écossaise, car ils m'en
avaient donné pour beaucoup plus que mon argent.

Quand j'arrivai à Saint-Jean-du-Gard, on faisait l'appel
des voyageurs, mon programme était donc très exactement
rempli.

Avant de m'endormir dans la diligence qui devait lentement me conduire à Clermont, il me revint en mémoire
un épisode assez original de mon séjour au Pont-de-
Salindre, en 1835.

Pour surveiller mes travaux, j'étais logé dans l'unique
maison qui se trouvait sur les lieux, dans une famille aux
trois quarts bourgeoise et pour le reste campagnarde, celle
que je venais de revoir, qui moyennant 2 francs par jour,
voulait bien me donner le logement, la nourriture, le blan-
chissage, du café au lait de chèvre et des figues à discrétion,
de plus la permission de monter sur son cheval blanc, quand
je prenais la fantaisie d'aller à Anduze situé à 3 kilomètres.

Un de ces voyages fut agrémenté d'une manière assez
pittoresque.

Au moment de partir, mon hôte vint me demander si je
pouvais me charger de conduire sa fille chez sa marraine,
tout près d'Anduze; je m'empressai d'accepter, pensant
qu'on allait atteler la carriole. Mais quel fut mon étonne-

ment, quand je vis que rien n'était changé dans les préparatifs ordinaires de mon voyage, si ce n'est qu'on avait ajouté un petit coussin derrière ma selle.

Le sort en était jeté, j'avais dit oui, il n'y avait pas moyen de reculer. Du reste, après tout, il paraît que dans ce pays, il n'y avait rien de bien ridicule pour un jeune homme de paraître enlever une jeune fille; mais je m'empresse de le dire, ce n'était qu'une petite fille d'une douzaine d'années.

Dans ce coin des Cévennes, les mœurs étaient si patriarcales, qu'on m'aurait demandé, je crois, avec la même simplicité, d'emmener en croupe la fille aînée, qui avait dix-huit ans.

Notre équipée se fit sans autre aventure que la rencontre de la voiture publique, où les voyageurs ont pu faire sur mon compte toutes les suppositions qu'ils ont voulu, dont alors je ne fus pas plus ému que je ne le suis aujourd'hui après cinquante-trois ans.

En rêvant aux chevaliers de l'Arioste, qui prenaient en croupe des princesses errantes, je finis par m'endormir profondément pour la nuit et presque tout le reste du parcours jusqu'à Clermont.

Il se fit sans incident, ne m'ayant laissé le moindre souvenir, si ce n'est le passage au milieu de la ville de Mende, qui me parut affreuse, sans former contraste avec le reste du département de la Lozère.

Il y a près d'un demi-siècle que j'ai fait ce grand et beau voyage, il faut qu'il ait produit sur moi une bien profonde impression pour que je puisse me le rappeler, ainsi que je viens de le décrire, presque jour par jour ; il est vrai, qu'en route, j'avais pris des notes et quelques dessins que je retrouve sur mes albums, toujours avec un plus vif plaisir.

En arrivant à Clermont, au moment de la fonte des neiges, je m'empressai de reprendre les études dont j'étais chargé pour la rectification de la route, alors très escarpée de Lyon à Bordeaux, dans la traversée des monts Dômes.

Ces études passionnaient le pays et la députation : le projet dont je soutenais la supériorité avait mis contre moi la moitié du département, mais j'avais pour moi le bon sens d'abord, puis MM. Chabrol de Volvic et Combarel de Leyval, deux députés légitimistes, parce que mon projet se trouvait favorable à leurs propriétés ainsi qu'à leur réélection.

J'avais naturellement contre moi le Préfet, qui sous Louis-Philippe ne pouvait pas faire cause commune avec les députés légitimistes.

Quant à moi, il va sans dire que je m'étais laissé guider par mon niveau et non par l'opinion; ce que je dis est si vrai que quelques années plus tard mes études ont servi pour l'établissement du chemin de fer de Bordeaux qui passe au-dessus de Volvic, à Pontgibaud et remonte par la vallée de la Sioule, exactement en suivant mon tracé préféré de 1840.

Ces études m'avaient mis en rapport avec M. le comte de Pontgibaud, que j'ai vu plusieurs fois sur les lieux et à Paris. C'était alors (1838-1840) un homme de cinquante-cinq à soixante ans; il devait être le fils de celui qui, pendant la Révolution, avait pris le nom de Joseph Labrosse, dont parle M. Léon Galle dans la *Revue du Lyonnais* (février 1888).

D'après la légende qui avait cours dans le pays, on racontait que pendant l'émigration, obligé de chercher comme tant d'autres un moyen de ne pas mourir de faim, M. de Pontgibaud s'était fait d'abord colporteur, mais ne voulant pas exercer ce métier sous le nom de M. le comte de Pontgibaud, colporteur, il avait été indécis pour savoir celui qu'il prendrait, et que sa femme alors l'avait décidé, par reconnaissance ou pour que cela portât bonheur à leur commerce, de prendre le nom du premier objet qu'ils vendraient ou qu'ils avaient vendu.

Il paraît que ce fut, ou que c'était une brosse. C'est de là que viendrait le nom de Joseph Labrosse, sous lequel M. le comte de Pontgibaud refit sa fortune.

A cette époque, on commençait à attaquer en grand le gisement de plomb argentifère de Pontgibaud. On exploitait alors beaucoup d'espérances, et je crois, en définitive, que là comme ailleurs, on a surtout récolté beaucoup..... de déceptions.

Dans mon titre général, j'indique comme anciens modes de transport le cheval et la patache; pour être fidèle à mon programme, je vais citer un petit voyage qui s'applique à la fois à tous deux :

Lorsque j'étais débutant dans la carrière, un article du règlement disait, que chaque ingénieur ordinaire devait avoir un cheval de selle; mais déjà cet article n'était pas

rigoureusement observé, car à Lyon, en 1834, les ingénieurs ordinaires avaient bien un cheval, mais c'était le
même pour tous les trois; ils ne trouvaient pas, du reste,
que ce fût une manière commode de se conformer audit
règlement; à Clermont, pour moi, c'était presque une
nécessité et de plus un plaisir, j'avais donc mon cheval à
moi tout seul.

Dans les salons d'autrefois, j'ai parlé des dames Blot et
Baudin, dont la maison des plus hospitalières était ouverte
aux ingénieurs. Mme Blot était veuve, elle vivait avec sa
sœur, qui avait épousé l'ingénieur des mines; on les dési-
gnait plus ordinairement sous le nom des dames (Adèle et
Sophie) de Tours, qui était celui de leur famille très bien
posée à Clermont.

Ma liaison avec elles n'avait pas été immédiate comme
avec les Kermaingant; ce n'est qu'à la longue que notre
intimité s'était formée, si bien qu'à la fin de mon séjour j'y
passais toutes mes soirées, quand je n'avais pas d'invitation
positive ailleurs. Une circonstance particulière avait contribué à me mettre très bien avec elles.

Elles devaient aller à la campagne toutes seules, chez un
de leurs parents assez loin de Clermont; il fallait une grande
journée de voiture. Il se trouva que le même jour je devais
partir à cheval, dans la même direction; je les rencontrai
sur la route, au départ, sur le versant du Puy-de-Dôme,
où l'on ne pouvait marcher qu'au pas; pour être dans le
vrai, j'ai prévenu que c'était mon habitude, je dois dire que
cette rencontre n'était pas imprévue.

Pendant quelque temps nous cheminâmes ensemble, elles dans leur voiture et moi sur mon coursier ; une conversation suivie n'était pas des plus faciles.

Leur domestique était un ancien cuirassier, qui montait naturellement bien à cheval ; au bout de quelques kilomètres, nous échangeâmes nos positions, à la satisfaction générale ; d'autant plus que la voiture était une patache, où le conducteur se trouve assis tout à fait à côté des autres voyageurs.

Après avoir déjeuné dans une modeste auberge, à Rochefort, sur l'autre versant des monts Dômes, nous arrivâmes vers quatre heures du soir à Laqueuille, qui était le terme de mon voyage à cheval ; j'y avais donné rendez-vous pour le lendemain à une brigade d'opérateurs pour commencer des nivellements dans la vallée de la Sioule.

Ces dames étaient arrivées de même à l'endroit où elles devaient changer de voiture, en quittant la grande route, pour aller par des chemins de traverse, dans la montagne jusqu'à la propriété de leur cousin, à une assez grande distance.

Un nouveau conducteur était venu les attendre, avec une autre patache ; c'était alors la seule voiture couverte du pays. Quand tout fut prêt, ces dames montèrent dans leur nouvel équipage, et partirent sous la conduite de leur nouveau guide, avec mes vœux de bon voyage, qui dans la circonstance ne paraissaient pas une politesse banale.

Il ne s'était pas écoulé une demi-heure qu'en me promenant sur la route, j'aperçois de loin, dans la direction qu'elles avaient suivies ; une de ces dames qui me faisait avec son mouchoir des signaux de détresse.

Je m'empresse de répondre à son appel ; je trouve Mme Sophie toute pâle, haletante, qui m'explique dans les termes les plus vifs, que leur conducteur est un jeune *innocent* dans lequel elles n'ont pas la moindre confiance ; que déjà deux fois, il avait failli les verser, et qu'il leur est tout à fait impossible de continuer ainsi. Bref, elle me demandait avec instance de vouloir bien les accompagner jusqu'à leur destination.

Pour moi, la proposition n'avait rien que de très acceptable au premier abord, car j'étais à un âge où je ne pouvais pas considérer sans un certain plaisir, l'occasion qui s'offrait de passer quelques heures dans l'intimité de deux charmantes jeunes femmes et peut-être de partager leurs danger, si elles devaient en courir.

Toute la question était de savoir comment je pourrais être de retour le lendemain matin, assez tôt pour le rendez-vous donné à ma brigade d'employés, que je ne voulais pas faire attendre ; j'avais ma conscience professionnelle !

Ces dames m'assurèrent que l'on pourrait me donner une voiture pour revenir le lendemain matin, de très bonne heure, à Laqueuille ; c'était, comme je l'ai dit, le nom du village d'où nous allions partir.

J'eus bientôt donné quelques ordres et me voilà de nouveau installé près de ces dames, mais cette fois à titre de protecteur, je pourrais même dire de sauveur, en voyant la reconnaissance qu'on me témoignait.

Toutes ces allées et toutes ces venues avaient pris du temps, il y avait près d'une heure de perdue. La nuit venait à grands pas, et le cheval était bien loin de marcher avec la même vitesse.

Les chemins devenaient de plus en plus mauvais, et ce qui est plus grave, de plus en plus incertains ; le pays m'était tout à fait inconnu ; la pluie commençait à tomber ; on n'y voyait absolument rien, et nous n'avions point de lanterne. Après quelques indécisions, nous nous abandonnâmes complètement à notre rustique conducteur, et surtout à la grâce de Dieu.

Nous étions tous trois dans la patache, faisant tous nos efforts pour adoucir les effets des cahots par des manœuvres de position de plus en plus ingénieuses, tandis que notre guide tenait le cheval par la bride, se laissant mener par lui, encore plus qu'il ne le conduisait ; à chaque instant les roues de notre voiture passaient sur des monticules qui nous exposaient à verser.

La situation était critique ; mais elle avait en même temps son côté comique ; aussi nous avions pris franchement le parti d'en rire, pour ne pas nous en effrayer.

Après plus d'une heure de cet exercice obscur et champêtre, nous aperçûmes dans le lointain des lumières en mouvement.

On nous attendait, et l'on s'étonnait de ne voir rien venir.

On avait donc envoyé des hommes avec des torches de

sapin, production naturelle du pays, à la recherche de la patache et de son contenu.

Enfin nous arrivâmes à 9 heures du soir, sains et saufs, et nous plaisantâmes gaîment de notre aventure, en faisant un bon souper avec M. et Mme de Fontenille.

Je repartis le lendemain matin à la pointe du jour et je pus voir que nous n'avions pas couru de très grands dangers, si ce n'est celui de nous égarer et peut-être de verser sur un vaste plateau couvert de grandes herbes et de beaucoup d'aspérités, mais qui ne présentait pas de précipices dans le voisinage immédiat; car nous étions encore loin de la Dordogne, dont les rives sont très escarpées et couvertes de sapins.

La propriété de M. de Fontenille était à Savenne, sur la ligne de faîte qui sépare le bassin de cette rivière de celui de l'Allier, dont la Sioule est un affluent. Nous n'étions pas loin des bains du Mont-d'Or.

Je retrouvai ma brigade de niveleurs, qui ne m'avaient pas attendu longtemps ; je les mis à l'œuvre en leur donnant le programme de leurs opérations.

Pas plus que les hôtes aimables que je venais de quitter, je ne me doutais alors que j'allais planter les premiers jalons du chemin de fer de Bordeaux, qui mettrait vingt ans plus tard leur vieux château de Savenne à quelques heures de Clermont.

CHAPITRE VI

Souvenirs d'Angleterre et d'Écosse (1844).

ENFIN nous sommes arrivés au dernier des voyages avant l'établissement complet des chemins de fer, dont j'ai annoncé le récit.

Je dis enfin! pour vous lecteurs, car jamais je ne me lasse de penser à ceux que j'aimais autrefois, que j'aime encore, dont je raconte l'histoire; pour moi, c'est une manière de revivre avec eux. Tous m'ont quitté depuis longtemps, et j'espère que dans l'autre monde où ils nous attendent, ils m'approuvent d'essayer de perpétuer leur souvenir chez leurs descendants.

Et puis, la lecture des journaux qui nous disent l'histoire d'aujourd'hui est si navrante, que j'aime mieux, autant que cela m'est possible, me rajeunir dans le calme du passé, que de vieillir dans l'agitation si triste et si stérile du présent.

A la fin du chapitre V, j'étais rentré à Clermont pour reprendre paisiblement mon service et ma vie de province, qui, soit dit entre nous, ne manquait pas de charme (sous le nom de province, je désigne les villes, petites ou moyennes, qui permettent une intimité difficile dans les grandes, surtout maintenant).

Avant d'aller en Angleterre en partant de Paris, pour être un historien correct, je dois dire comment j'y étais arrivé.

Ma famille était venue s'y fixer au commencement de 1840, et j'avais demandé au Ministère de quitter l'Auvergne pour me rapprocher d'elle.

M. Legrand, notre directeur général, ne m'avait pas dissimulé que la résidence de Paris était fort difficile à obtenir pour un jeune ingénieur ; cependant, il avait parfaitement reçu ma mère ; elle lui avait été présentée par mon ancien ingénieur en chef de Lyon, M. Kermaingant, devenu inspecteur général, qui lui témoignait beaucoup d'affection, comme du reste tous ceux qui la connaissaient.

Je venais de terminer les études pour la traversée des monts Dômes, et de poser la dernière pierre du grand pont de Menat sur la Sioule, mon premier ouvrage, lorsqu'un beau jour, le 14 septembre 1840, au moment où je m'y attendais le moins, je reçus l'ordre de me rendre immédiatement à Paris dans le cabinet de M. Legrand. Je partis le lendemain par la malle de poste, assez intrigué de savoir ce qui m'attendait. Ma famille ne le savait pas plus que moi.

A mon entrée dans son cabinet, M. Legrand me dit à brûle-pourpoint :

« Je vous ai fait officier du génie, cela vous va-t-il ? »

Si je n'avais pas déjà su par les journaux qu'il était sérieusement question de la guerre d'Orient, et si je n'avais pas senti la poudre dans l'antichambre ministérielle, où l'on ne parlait pas d'autre chose, j'aurais été surpris de cette question.

Je pensais en moi-même, que si c'était pour fortifier Beyrouth cela ne m'allait guère; je répondis donc, que si c'était pour fortifier Paris, cela m'allait tout à fait.

Par extraordinaire, il en était ainsi : voici comment c'était arrivé :

Des complications survenues dans l'éternelle question d'Orient faisaient craindre la guerre à bref délai; M. Thiers était président du Conseil des Ministres; il venait peu de jours avant d'entrer dans la salle du Conseil, en disant qu'il fallait que Paris fût complètement fortifié en dix-huit mois.

Le maréchal Soult, ministre de la guerre, lui avait répondu que la chose était impossible, à moins de dégarnir les places fortes, où les officiers du génie étaient fort occupés.

M. le comte Jaubert, alors ministre des travaux publics, d'un caractère ardent, s'empressa d'offrir à M. Thiers des ingénieurs des Ponts et Chaussées en aussi grand nombre qu'on voudrait pour exécuter les travaux de fortification, dont les projets seraient faits par le génie militaire.

Cette proposition fut acceptée séance tenante, et douze ingénieurs furent désignés immédiatement pour la construction de l'enceinte.

C'était pour moi une chance inouïe de voir réaliser aussi vite ma plus chère espérance de rejoindre ma famille. En créant à la fois un si grand nombre de places à Paris, le hasard, qui est un des noms de la Providence, me donnait le moyen d'y arriver, quelques mois après ma demande.

Pour les ingénieurs des Ponts et Chaussées ce service dura peu : les chances de guerre ayant diminué, il n'y avait plus urgence ; les officiers du génie, un peu jaloux d'avoir vu des civils prendre leur place, s'empressèrent de reprendre tous les travaux qui nous avaient été donnés.

Je fus replacé dans un service si voisin de Paris, la navigation de l'Oise, que j'avais l'autorisation d'y résider. J'étais dans cette position en 1844, lorsqu'une de mes tantes me proposa de l'accompagner en Angleterre et en Écosse. Naturellement j'acceptai sa proposition avec enthousiasme.

L'Administration ne demandait pas mieux que de voir les jeunes ingénieurs compléter leur instruction à l'étranger, j'obtins donc facilement un congé.

La sœur de ma mère, Jenny Jordan, Mme Magneunin, était, par son mari, belle-sœur de Mme Lacène et du grand Camille Jordan ; elle avait alors quarante-huit ans, une très bonne santé, beaucoup d'entrain, un caractère bon et dévoué, qui faisait le charme de sa famille et de ses amis ; et de plus, elle possédait la chose tout à fait indispensable pour voyager, en Angleterre particulièrement.

Comme ma mère, élève des dames Harent, elle avait une instruction solide, augmentée par beaucoup de lectures.

N'ayant pas d'enfant et jouissant d'une entière liberté, elle avait déjà beaucoup voyagé sur le continent, soit avec

une femme de chambre, soit avec un vieux domestique de
mon grand-père, que nous appelions le petit François, et
qu'en Italie on appelait son chapelain, à cause de sa tournure surannée et légèrement monastique. Lui aussi cependant avait été jeune ; on ne l'aurait pas pris pour un chapelain lorsqu'il accompagnait autrefois mon grand-père
dans ses fréquents voyages à cheval.

Par suite d'un usage assez général en France après la
Révolution, j'avais conservé l'habitude de tutoyer ma
tante, sans que cette preuve d'intimité et d'affection nuisît
en rien au respect que j'avais pour elle.

A la fin du mois de mai 1844, nous partîmes par la
diligence jusqu'à Boulogne. De là un paquebot devait nous
conduire à Londres même, en remontant la Tamise. Nous
fîmes la plus grande partie du trajet pendant la nuit et
nous entrâmes dans la Tamise au grand jour ; c'est une
arrivée magnifique qui donne une haute idée de la marine
anglaise.

Le fleuve était sillonné par un nombre considérable
de vaisseaux qui augmentait toujours à mesure que nous
avancions.

Dans Londres, la circulation des navires à vapeur pouvait se comparer à celle des omnibus sur le boulevard des
Italiens.

Je ne ferai pas plus la description de Londres que celle
des villes d'Allemagne ou d'Italie ; cela serait trop long et
pour vous et pour moi.

Ce qui vous frappe le plus quand on débarque, c'est le mouvement que l'on trouve ; celui de Paris est peu de chose en comparaison.

Il y avait alors la même différence entre la circulation de Londres et celle de Paris, qu'entre celles de Paris et de Lyon.

Le pont dit pont de Londres (London-Bridge) vers lequel s'arrêtent les grands bateaux à vapeur est le premier que l'on rencontre en venant de France ; si l'on n'en a point construit en aval, c'est dans l'intérêt de la navigation des grands vaisseaux qui arrivent ainsi jusqu'au centre de la ville.

C'est pour remplacer un pont qu'on a fait le tunnel sous la Tamise, ouvrage si difficile, qui a immortalisé le nom de son auteur, le célèbre Brunel, ingénieur français. Le tunnel fut l'objet d'une de nos premières visites.

Ma tante savait parfaitement lire l'anglais, mais elle n'osait pas le parler. Je l'avais un peu étudié et d'après ses indications, c'est moi qui me risquais à être le porte-parole ; mais à nous deux nous étions loin de pouvoir nous tirer d'affaire facilement.

Nous étions logés à Leicester-Square ; là se trouvaient quelques hôtels où l'on était censé parler français. Dans ce temps-là déjà c'était un quartier qui ne passait pas pour un des plus aristocratiques. Il est devenu, dit-on, tout à fait inhabitable, depuis qu'il a été envahi par les réfugiés politiques.

Matériellement, nous n'étions pas mal. Nous avions deux chambres à coucher et un beau salon éclairé au gaz (sitting room), pièce pour se tenir, qu'on donne toujours aux voyageurs, quand il y a des dames. D'après les usages, jamais une dame ne doit recevoir dans la chambre où elle couche; cela augmente beaucoup la dépense des hôtels.

Notre salon était en communication avec nos chambres.

Ailleurs, plusieurs fois notre salon s'est trouvé au premier et nos chambres à d'autres étages, ce qui était peu commode.

Toutes les fenêtres étaient faites dans le système dit à guillotine, c'est à dire qu'elles se composaient de deux chassis dans le sens de la hauteur. Le chassis inférieur se relevait contre le chassis supérieur en glissant entre deux rainures latérales; des contrepoids placés dans les embrasures, facilitaient ce mouvement, qui s'opérait très bien; on dit qu'il en existe encore beaucoup dans Londres.

Nous mangions à la table commune; on déjeunait quand on voulait. Le déjeuner se composait régulièrement d'énormes pièces de viandes froides: bœuf, veau, jambon, sur lesquelles on coupait à sa convenance; des œufs, des pommes de terre à l'eau et du beurre complétaient le repas, le thé et la bière étaient à discrétion; le vin était tout à fait un extra.

Le dîner, comme à Paris, était à six heures; en même temps que de la très bonne viande rôtie, il y avait toujours du poisson de mer, en très grande abondance et très bon.

Entre les repas, nous nous arrêtions chez les pâtissiers, qui étaient fort nombreux. Partout il y avait des dames au comptoir, qui fort discrètement proposaient à ma tante de

la conduire dans une pièce retirée à l'arrière-boutique
(and gentleman) où l'on trouvait une chose qui, à cette
époque était fort rare dans les rues de Londres, ou du
moins fort cachée pour les étrangers.

Sans l'attention délicate des pâtissières, je ne sais pas
trop comment nous aurions pu nous tirer d'affaire, pendant toutes nos journées hors de l'hôtel.

En arrivant, j'avais été frappé de la forme du pavé qui
différait beaucoup du nôtre. C'est chez eux que nous
avons pris les pavés plus larges que longs, tels que nous
les employons maintenant et qui ont remplacé presque
partout l'ancien gros pavé de Paris, dont toutes les faces
étaient égales. La théorie du pavé d'échantillon appliquée
par les Anglais bien longtemps avant nous est celle-ci :
« Dans le sens de la marche, la longueur du pavé doit
« être assez petite pour que le pied du cheval, en se posant,
« puisse toujours tomber sur un joint. »

La première chose que nous avions faite avait été d'acheter un bon plan de la ville et un bon guide. Cela nous a
parfaitement suffi pour nous diriger seuls, sans avoir besoin
de personne et même sans être obligé de demander. D'ailleurs personne ne parlait français en dehors de notre hôtel ;
quand nous avons voulu faire quelque emplette il nous a
été indispensable de prendre un interprète.

Les monuments qui m'ont laissé particulièrement un
souvenir sont : l'église Saint-Paul, dont la coupole est plus
grande que celle de Sainte-Geneviève; c'est un monument
magnifique, mais placé d'une manière peu convenable.
L'air manque autour; il gagnerait beaucoup à être placé
sur un point plus élevé.

Westminster abbey, en français, l'abbaye de Westminster, a été pendant longtemps un lieu de sépulture des souverains, des grands hommes politiques et des littérateurs ; c'est aujourd'hui une église protestante, aussi remarquable par sa belle architecture gothique que par les tombeaux qu'elle renferme.

Le palais de Westminster, construction moderne, dans le même style, est peut-être le plus vaste qui existe au monde ; il contient les deux chambres du Parlement, les hautes Cours de justice avec toutes leurs dépendances.

La tour de Londres, dont les constructions les plus anciennes datent de Guillaume le Conquérant, 1070, a joué un très grand rôle dans l'histoire d'Angleterre. Elle contenait un musée très curieux d'armes anciennes, de chevaliers du Moyen Age, en grand nombre, à cheval, couverts de leurs armures complètes.

Les gardiens de la tour de Londres conservaient encore le costume traditionnel du temps de la reine Élisabeth, fille de Henry VIII (1533 à 1603). Pour les étrangers qui les voient pour la première fois, cela ressemble à une mascarade. (Les costumes de nos suisses d'église nous feraient le même effet si nous n'y étions pas accoutumés.)

L'Hôtel de Ville, dit Guide-hall, est le lieu où se fait l'élection du Lord Maire (lord mayor). Dans la première salle, ouverte aux étrangers, sont deux statues colossales en bois, double plus grandes que nature au moins, dites Gog et Magog, qui représentent un ancien Breton et un ancien Saxon ; lors de l'élection du Lord Maire, on promenait ces statues dans la ville (ou des mannequins qui les représentent), au grand contentement du petit peuple. Cela se faisait il y a quelques années ; cela doit se faire encore, car les Anglais conservent pieusement leurs vieilles coutumes.

La ville de Londres diffère de la ville de Paris par plusieurs côtés : Londres est beaucoup plus étendu ; il n'y a ni enceinte ni octroi. Dans l'intérieur sont plusieurs parcs considérables ; le plus grand est Hyde-Park, c'est là que se rend régulièrement pendant l'été toute la société aristocratique, pour se promener en voiture ou à cheval, les voitures de place ne peuvent pas y entrer.

Le mois de juin, où nous étions, était le meilleur moment pour voir ce mouvement dans tout son éclat. Pendant l'hiver, l'aristocratie reste dans ses châteaux ; elle ne revient à Londres qu'au mois de mai.

Il est impossible de se rendre compte, si on ne l'a pas vu, du coup d'œil que présente l'allée dite des Cavaliers, dans laquelle la circulation des voitures et des piétons est interdite. Les piétons peuvent se promener dans une contre-allée parallèle qui n'en est séparée que par une barrière.

Cavaliers, hommes et femmes, montés sur de très beaux chevaux, marchent au pas par groupes de cinq ou six de front, les amazones sont peut-être les plus nombreuses ; jamais je n'ai vu une aussi belle réunion d'élégantes et jolies femmes et de superbes chevaux, et c'est le cas de le dire, les uns portant les autres.

Près d'Hyde Park (Hyde Park corner), se trouvait une exposition chinoise (Chinise Exhibition). On entrait dans un vaste bâtiment complètement chinois, par la décoration et l'ameublement. A droite et à gauche de la galerie principale, comme les chapelles dans nos églises, se trouvaient de grandes pièces séparées contenant des personnages de grandeur naturelle, habillés de vêtements chinois, occupés aux différentes fonctions ordinaires de leur pays, entourés de tous les meubles et ustensiles qui leur sont propres. Il est probable que cela n'existe plus, au moins sur le même emplacement.

Londres a beaucoup de squares, chose presque inconnue dans nos grandes villes. Ce qui peut en donner une idée, c'est à Paris, la place Royale; les jardins qui se trouvent ainsi au milieu des places ne sont pas des jardins tout à fait publics; ils sont réservés à l'usage des habitants des maisons qui les bordent.

Il y en a cependant de publics; un des plus beaux est Trafalgar-Square, où l'on voit une colonne monumentale en l'honneur de l'amiral Nelson.

Belgrave-Square est un des plus beaux quartiers; il est difficile, avec nos habitudes françaises, de faire comprendre l'aspect que présentent ces aristocratiques hôtels et le luxe avec lequel ils sont tenus. Ils sont loin de la cité; c'est-à-dire loin du centre des affaires et du grand mouvement de la circulation. On ne voit point de boutiques dans le voisinage.

De temps en temps, un magnifique équipage venait s'arrêter au bas d'un perron; la porte de l'hôtel s'ouvrait, et deux laquais en grande livrée déroulaient un tapis sur toutes les marches de l'escalier; quand cette opération de la pose des tapis était terminée, et ce n'était pas long, une ou plusieurs belles dames descendaient de la voiture, et le tapis était relevé derrière elles avec la même rapidité ; la porte se refermait, la voiture partait et tout rentrait dans le silence.

Derrière ces splendides demeures, il y a des rues secondaires, qui sont destinées aux écuries et au remisage des voitures.

C'est à Belgrave-Square qu'était logé Henri V, lorsqu'en 1843 il reçut la visite des députés français qui allèrent publiquement lui porter l'hommage de leur fidélité et de leur dévouement et furent si glorieusement flétris ; de ce nombre était le célèbre Berryer ; ils donnèrent leur démission et furent immédiatement réélus.

Toutes les affaires sont concentrées dans ce qu'on appelle la Cité, c'est-à-dire le centre de la ville et les quartiers voisins.

C'est là que se trouvent tous les comptoirs, les magasins, les cafés, les hôtels, les boutiques, les administrations publiques, mais ce n'est pas là qu'on habite.

Au lieu de faire comme nous dans nos grandes villes, c'est-à-dire de nous entasser les uns au-dessus des autres, dans de vastes maisons à six étages, les Anglais préfèrent se loger plus loin de leurs affaires et avoir chacun leur maison.

La maison anglaise ordinaire se compose d'un bâtiment à trois étages au plus, y compris le rez-de-chaussée, qui s'élève de quelques marches au-dessus du sol. Entre la maison et la rue se trouve une petite cour basse, qui donne de l'air et du jour au sous-sol contenant la cuisine et les dépendances. Cette petite cour a une entrée directe sur la rue pour le service.

On arrive de la rue à la porte du rez-de-chaussée, par un petit escalier porté sur une voûte, qui traverse la cour basse ; la longueur de cette cour est celle de la façade de la maison ; sa largeur est de 3 mètres environ.

Au rez-de-chaussée se trouvent le parloir et la pièce où l'on mange ; les étages supérieurs sont pour les chambres à coucher où l'on ne reçoit personne.

On dit même que les lits, découverts le matin, ne se font que le soir, afin de les mettre à l'air pendant toute la journée.

Ces maisons n'ont en général que trois fenêtres de façade ; Il va sans dire qu'il y en a de plus grandes ; mais elles sont toutes à peu près sur le même type, avec petite cour devant, éloignant le voisinage direct de la rue. La cour basse est séparée de la rue par une petite grille en fer posée sur un parapet en maçonnerie.

Avec cette disposition qui place les familles loin des marchés et des boutiques, la vie serait difficile, si les fournisseurs ne portaient pas à chacun tout ce qui est nécessaire pour le ménage, à peu près du reste comme cela se fait en France, lorsque nous sommes à la campagne, près des grandes villes.

Les services des eaux, du gaz et des égouts sont admirablement entendus.

Depuis longtemps les fosses d'aisances sont supprimées dans toute la ville de Londres; tout se rend directement aux égouts qui sont lavés largement. A la sortie de la ville, les eaux sont reprises et utilisées pour l'arrosage et la fertilisation de vastes étendues de terrains, à une assez grande distance.

Quand j'ai fait ce voyage, je portais la barbe entière comme je la porte aujourd'hui, avec cette différence qu'elle était brune ; personne alors en Angleterre ne la portait ainsi. Dans les rues, on voyait très peu de Français ; on me regardait comme une curiosité. Souvent des jeunes filles ne pouvaient pas s'empêcher de se retourner en riant ; j'étais bien loin de m'en offusquer, nous en rions aussi de notre côté ; n'était-ce pas ce qu'il y avait de mieux ?

Nous avons fait quelques excursions dans le voisinage. Nous avons visité en détail Hampton-Court, où l'on conservait de très beaux cartons de Raphaël.

Il y avait de très beaux jardins et de belles serres; dans l'une d'elles, un seul pied de vigne couvrait une surface de 100 mètres carrés.

Les cartons de Raphaël, commandés par Léon X pour faire des tapisseries de la chapelle Sixtine, furent achetés au nombre de sept, par Charles Ier.

Les tapisseries faites sur ces dessins sont maintenant au Vatican dans la galerie dite : Dei Arazzi, parce que la ville d'Arras a eu pendant longtemps la supériorité de cette fabrication.

A Wolwich, sur le bord de la Tamise, nous avons vu

l'arsenal et des régiments d'artillerie tenus avec un luxe et un soin auxquels nous ne sommes pas accoutumés.

Au château de Windsor, fondé par Guillaume le Conquérant, duc de Normandie, à la fin du xie siècle, nous visitâmes la chapelle et l'extérieur. Il n'était pas possible d'y entrer à cause de la présence de la reine Victoria. Bien que notre visite fût incomplète, nous n'avons pas regretté notre peine; car ce que nous avons vu méritait bien le voyage.

Ayant été prévenu peu de temps d'avance, je n'avais que deux lettres de recommandation pour des ingénieurs ; ne les ayant pas rencontrés une première fois, je n'y étais pas retourné, ne voulant pas laisser ma tante toute seule. Je n'ai donc pas pu pénétrer dans des intérieurs anglais, chose que j'ai regrettée, car ce n'est qu'ainsi qu'on peut bien étudier les mœurs.

Ne voulant pas cependant me trouver à Londres sans une référence, j'étais allé voir en arrivant l'ambassadeur de France, M. de Saint-Aulaire. Je lui avais fait passer une carte avec mon titre et j'avais été reçu tout de suite. Il ne me connaissait pas, mais je pouvais lui parler d'un de ses attachés d'ambassade à Vienne, Aimé Des Fayères, le cousin de ma tante Henri Jordan ; cela rendit notre conversation un peu moins banale.

Il me rassura sur le séjour de Londres, en me disant que personne ne nous demanderait rien, et que nous jouirions dans toute l'Angleterre d'une plus grande liberté qu'en France. Il n'y a rien de tel que de voyager pour rabaisser l'orgueil national.

Par une chance extraordinaire, nous avions trouvé sur le paquebot de Boulogne, un prêtre dont j'ai oublié la nationalité ; il revenait d'Italie ; nous l'avions abordé les premiers, et nous avions pu gagner sa confiance, car il nous proposa de nous faire partager la faveur des recommandations qu'il pourrait avoir pour assister aux séances des deux assemblées du parlement. Avec lui ou sans lui, je ne me le rappelle pas, mais grâce à lui, nous avons pu entrer à la chambre des Lords et à la chambre des Communes qui siégeaient alors toutes deux au palais de Westminster.

Nous ne pouvions rien comprendre à ce qui se disait ; l'aspect général était digne, malgré la simplicité des costumes. A cette époque (1844) presque tous les Lords anglais portaient des pantalons gris de fantaisie, bariolés comme ceux qui sont à la mode en France depuis quelques années, et qui nous sont venus d'Outre-Manche. Les présidents seuls avaient un costume officiel, la robe noire de nos magistrats, avec la perruque poudrée du siècle dernier.

Je ne peux pas quitter Londres, sans dire un mot de l'immensité des bassins et des docks destinés aux marchandises du monde entier, qui donnent une haute idée de la puissance commerciale de cette nation.

C'est là que pour la première fois j'ai vu le fer employé pour soutenir de vastes toitures, dans le genre de celles qui qui depuis ont été appliquées à nos gares de chemins de fer ; c'est là aussi pour la première fois que j'ai remarqué l'emploi de ces chariots mobiles sur des rails, suspendus à de grandes hauteurs, qui servaient à transporter facilement les plus lourds fardeaux d'une extrémité à l'autre et à tous les étages de ces prodigieux entrepôts.

Nous aurions bien voulu rester à Londres plus longtemps, mais je n'avais qu'un congé limité. D'un autre côté la question d'argent était à considérer; le prix de toutes choses était à peu près dans le rapport de 25 à 20 avec les prix de Paris.

Comme tout le monde alors, ma tante avait lu et relu Walter Scott; elle l'aimait beaucoup et désirait voir l'Ecosse. Nous n'avions pas de temps à perdre; nous partîmes de Londres au bout de dix jours à peu près, laissant nos malles et n'emportant avec nous, que des sacs de cuirs noirs que nous venions d'acheter (et que j'ai encore).

Il y avait déjà quelques chemins de fer, mais pas partout, nous ne pûmes pas aller de cette manière plus loin qu'York. Nous nous y arrêtâmes le temps nécessaire pour admirer sa célèbre cathédrale gothique.

Là nous avons pris une voiture publique, pour aller dans la direction d'Edimbourg. Cette voiture n'avait pas du tout l'aspect de nos lourdes diligences; c'était tout simplement une grande berline n'ayant que quatre bonnes places d'intérieur; tous les autres voyageurs, au nombre de huit ou dix, montaient sur des banquettes à découvert, devant, dessus et derrière (outside) c'est là que vont, ou plutôt allaient, les gens du pays; l'intérieur (inside) était beaucoup plus cher et fréquenté uniquement par les étrangers.

Au départ, ma tante et moi nous étions seuls dans l'intérieur; l'impériale (outside) était complète; il y avait même des dames.

Cette voiture, comparativement très légère, était emportée par quatre magnifiques chevaux bais toujours au galop; à chaque relai quatre chevaux semblables attendaient sur la route même, et sous leurs couvertures.

Chaque cheval était tenu par un palefrenier. Immédiatement les chevaux arrivants étaient remplacés par les chevaux frais ; au signal donné les quatre palefreniers, placés à gauche et à droite, enlevaient ensemble les quatre couvertures ; la voiture partait sans avoir perdu plus de deux minutes pour le relai.

Le temps était devenu mauvais, la pluie tombait en abondance ; une jeune de fille de l'outside se décide à venir avec nous dans l'intérieur. Elle était fort bien de toutes manières ; elle n'aurait pas mieux demandé et nous non plus, de faire la conversation, mais elle n'avait jamais voyagé en Allemagne, elle ne parlait donc pas mieux le français que nous l'anglais. Nous en étions réduits pour échanger nos idées, de nous montrer les mots sur le dictionnaire. Fort heureusement nous en avions le temps, et quoique que ce mode de converser ne fût pas vif et animé, il n'en était pas moins fort gai.

Nous étions rendus à Newcastle de bonne heure ; c'était le moment des plus longs jours, la seconde moitié de juin ; après dîner, vers 7 heures du soir, nous allâmes en chemin de fer à l'embouchure de la Tyne visiter un pont en fer d'une seule arche qui passait pour une merveille (je ne pensais pas alors que quelques années plus tard j'aurais la chance d'en construire une encore plus grande, la travée métallique de la Vézeronce sur la ligne de Genève) ; nous étions de retour le même soir à Newcastle, et nous avons pu nous coucher à 11 heures sans aucune lumière ; en s'approchant de la fenêtre, on y voyait assez pour lire facilement.

Le lendemain matin nous partîmes de la même manière, c'est-à-dire en voiture publique pour Edimbourg; le voyage n'eut pas d'autre incident que de nous permettre de voir de loin sans nous y arrêter, le château d'Abbotsford, résidence favorite de Walter Scott, situé sur la rive droite de la Twed; autant que nous avons pu juger c'était un château gothique très bien restauré, au milieu d'un parc du plus bel aspect.

Nous arrivâmes le soir même à Edimbourg; comme je l'ai dit déjà, j'ai conservé de cette ville un précieux souvenir; elle ne ressemble à rien de ce que j'avais vu jusquelà; des sites excessivement variés lui donnent un cachet particulier.

Au centre de la ville une petite montagne nommée Calton-Hill, forme un point culminant, d'où l'on domine de tout côté les paysages environnants.

Ce sommet est occupé par un petit monument dans le style grec.

En regardant à l'est, on a une belle vue de la mer; un peu vers le nord, on voit l'embouchure du Forth, avec le port, les vaisseaux et tous les grands établissements de la marine et du commerce.

En tournant au nord et à l'ouest on découvre toute la nouvelle ville magnifiquement construite avec ses rues larges, ses squares nombreux, ses monuments et ses jardins;

tous ces quartiers neufs se terminent à Princess-Street,
rue splendide dont un seul côté est bâti, l'autre est formé
par des jardins ; c'est là que nous étions logés, près du monument élevé à la mémoire de Walter Scott, mort en 1832.
Le monument venait d'être terminé.

En continuant le panorama de Calton-Hill, on trouve :
au sud-ouest, le vieux château et la vieille ville ; un peu plus
loin, des forêts et de magnifiques rochers ; au sud toute la
vieille ville, la Canongate ; enfin, au sud-est, le château
d'Holyrood, ancienne demeure royale, célèbre par les mal-
heurs de Marie Stuart, et pour nous Français, célèbre aussi
parce qu'elle a servi de résidence pendant plusieurs années
à notre vieux roi Charles X exilé, et à son petit-fils
Henri V, qui fut hélas ! pendant longtemps notre espérance
de salut.

Nous étions très bien logés à Royal-Hôtel dans Princess-
Street ; personne n'y parlait français ; nous avions bien
quelques embarras pour nous faire comprendre, mais notre
hôte était fort complaisant et faisait tout pour nous être
agréable. Nous arrivions en définitive par faire d'assez bons
dîners, bien que la commande ne se fît pas sans peine ; on
s'étonnait beaucoup de nous voir apprécier le saumon, si
vulgaire pour les Écossais.

De tous les pays que je connais, ce qui me rappelle le
mieux un des aspects d'Édimbourg, c'est la vue du cours
des Chartreux, près de la place Rouville ; notez bien que
je dis : *un seul* des aspects de ce magnifique panorama cir-
culaire de Calton-Hill, unique au monde.

Nous aurions bien désiré rester plus de trois jours, mais
là comme ailleurs le temps nous pressait. Le chemin de fer

nouvellement construit nous transporta d'Édimbourg à Glascow, parallèlement au canal de jonction du Forth à la Clyde ; sans nous arrêter, nous montâmes tout de suite sur le paquebot qui devait nous amener à Liverpool.

Il faisait très mauvais temps, je n'ai pas conservé un agréable souvenir de cette très grande ville, traversée au milieu du brouillard. Glascow contenait 350,000 habitants ; Édimbourg seulement 200,000.

Nous nous étions embarqués sur la Clyde ; à partir de Glascow, elle peut porter de très gros navires. Le chenal navigable est maintenu à la profondeur suffisante, au moyen de digues latérales construites avec d'énormes blocs de pierre sur plusieurs kilomètres de longueur. Ces digues avaient d'autant plus d'intérêt pour moi, que j'en avais beaucoup entendu parler dans mes cours des Ponts et Chaussées.

Le trajet de Glascow à Liverpool se fit partie le jour, partie la nuit, au travers de la mer d'Irlande, sans présenter aucune particularité qui m'ait laissé un souvenir, outre que celui du malaise physique que j'ai éprouvé.

Je restai presque tout le temps couché dans ma cabine au fond du navire, séparé de ma tante, qui était, de sont côté, toute seule dans le salon des dames, où elle ne se trouvait pas dans un bien meilleur état.

J'étais fort tourmenté par le mal de mer; en entendant contre mon oreille le mugissement des vagues de l'Océan, dont je n'étais séparé que par une mince cloison ; je faisais d'assez tristes réflexions quand la douleur m'en laissait le loisir, je maudissais mon sort, en répétant pour me consoler la célèbre imprécation d'Horace :

Illi robur et æs triplex
Circa pectus erat, qui fragilem truci
Commisit pelago ratem
Primus . . . .

(Il avait un cœur de chêne, doublé d'un triple airain, celui qui le premier s'exposa sur un bateau fragile aux fureurs de l'Océan.)

Il faisait un très mauvais temps quand nous avons traversé Liverpool sans nous y arrêter ; c'est une grande ville, de date récente, qui doit toute son importance au commerce. Un chemin de fer nous ramena directement à Londres.

D'York à Édimbourg, nous avions voyagé dans les dernières diligences anglaises, car on achevait le chemin de fer qui devait les remplacer dans quelques mois.

Nous restâmes encore deux jours à Londres avant de partir pour Southampton où nous devions trouver un paquebot pour la France.

Le trajet par mer jusqu'au Havre et du Havre à Rouen, par la diligence, se fit sans aucun incident.

Pour rentrer à Paris, nous trouvâmes le chemin de fer de Rouen, inauguré en 1843.

Nous avions retrouvé la France avec le plus grand plaisir et surtout, nous avons éprouvé un grand soulagement, lorsqu'en arrivant au Havre, nous avons compris ce qui se disait autour de nous. Ce qu'on éprouve dans un pays dont on ne sait pas la langue, doit ressembler au supplice des sourds-muets.

Notre voyage de près d'un mois s'était accompli sans le moindre accident. J'en rendis grâce à Dieu d'abord, puis, je remerciai cordialement ma tante de m'avoir pris pour son chevalier.

De mon voyage, j'ai rapporté ces impressions : j'avais déjà voyagé en Suisse, en Italie, en Allemagne et dans les pays autrichiens ; partout j'avais constaté l'influence française, partout la tendance était de faire à l'instar de Paris ; en Angleterre c'était autrement ; on sent quand on y est, que les Anglais sont tout à fait chez eux, et qu'ils ne veulent prendre modèle sur personne.

Les Anglais sont des gens excessivement pratiques, leurs maisons en général, simples à l'extérieur, sont très bien distribuées à l'intérieur pour les usages ordinaires de la vie de famille. On ne voit pas comme chez nous, dans des positions modestes, des salons somptueux qui servent très peu, dont l'espace est volé sur l'ensemble de l'appartement, presque sans utilité, et dont les meubles se fanent sous des housses immobilisées.

Au lieu de recevoir ordinairement dans leurs chambres à coucher, et dans les grands jours, dans un salon d'apparat, ils ont près de l'entrée, leur sitting room, qui est pourvue de tout ce qui est nécessaire pour les besoins ordinaires de la vie : chaises, fauteuils, canapé, piano, table pour écrire, bibliothèque, etc. ; qui est le lieu de rendez-vous général et de réception.

Au lieu de s'entasser dans des quartiers où les loyers sont chers, ils préfèrent pour leur famille, de l'air et de l'espace, et surtout l'indépendance des commérages que donne une maison complète, toute petite qu'elle soit, comparée à nos ruches française.

La forme de leurs fauteuils ne suit pas la mode ; les coussins sont placés là où il faut pour bien appuyer.

Leurs chevaux marchent bien et leurs voitures roulent parfaitement sur un pavé ou sur un macadam bien préparés et bien entretenus pour ce double effet.

Leurs couteaux, leurs ciseaux, leurs rasoirs, coupent bien et longtemps, non seulement parce que l'acier est bon, mais parce que les lames sont disposées en biseau bombé, au lieu d'être en creux ; elles présentent ainsi, bien plus de résistance à la dentelure.

Leurs livres s'ouvrent bien et restent ouverts facilement ; leurs cuirs sont d'une grande souplesse et d'une grande solidité.

Leurs souliers ne blessent pas, sont imperméables et leur forme ne varie pas, ni pour les bouts qui sont toujours larges, ni pour les talons qui sont toujours bas.

Leurs serrures sont petites et incrochetables, et leurs clés microscopiques ; leurs outils sont faits en général pour la main, bien plus que pour les yeux, et toujours disposés de la manière la plus convenable pour leur usage.

C'est de Londres que j'ai rapporté mon premier paletot léger et imperméable.

Dans tout ce qu'ils font en général les Anglais cherchent avant tout, l'effet utile, sans se préoccuper de l'effet secondaire, du manque de symétrie ou d'élégance.

J'ai prouvé que les femmes elles-mêmes comprennent bien les choses de la vie ; rappelez-vous les pâtissières !

En résumé c'est le peuple pratique par excellence ; il le montre du reste par ses institutions et le grand respect qu'il conserve pour ses traditions.

CHAPITRE VII

Service des postes et des diligences
en 1790, 1810 et 1850.
Comparaison des moyens de transport à la disposition
des voyageurs, sous les rapports
de la fréquence des départs,
du nombre de places offertes et de la durée du voyage,
par les diligences et les chemins de fer,
en 1790, 1810, 1850 et 1888.

Les renseignements que nous donnons dans ce chapitre sur les transports des lettres et des personnes sont extraits en partie des almanachs officiels de Lyon en 1790 et 1810.

SERVICE DES POSTES EN 1790

En 1790, le bureau général des postes était dans la rue Saint-Dominique, M. Tabareau était directeur.

Pour Paris, par le Bourbonnais, les villes sur la ligne et l'Auvergne, les départs avaient lieu les mardi, jeudi et samedi.

Pour Paris, par la Bourgogne et les villes sur la ligne, l'Alsace et la haute Allemagne, les départs avaient lieu les lundi, mercredi et vendredi.

Le dimanche, il n'y avait pas de départ.

Pour le Dauphiné et la Provence, tous les jours excepté le mercredi.

Pour la Gascogne et le Béarn, les mardi, vendredi et dimanche.

Pour le Forez, tous les jours excepté le mercredi.

Pour Genève et la Suisse, mardi, jeudi, vendredi et dimanche.

Pour Milan, Savoie et Piémont, mardi et vendredi.

Pour Gênes, la Toscane, Rome, Naples et la Sicile, le vendredi.

On invitait le public à mettre ses lettres à la poste la veille du jour du départ, pour éviter la remise au départ suivant.

Il y avait six boîtes dans la ville où l'on faisait la levée tous les jours à 7 heures du matin. A la boîte de la rue Saint-Dominique, la levée se faisait une fois par jour à 11 heures du matin.

Quant à l'arrivée, on ne fixait point de date ; elle dépendait du temps et de la saison.

On voit dans les lettres du président de Brosses, de 1739, que les lettres de France pour Rome avaient quelquefois neuf jours de retard, parce que le courrier, qui était payé pour suivre la route de la Corniche, s'embarquait par économie sur une felouque qui arrivait quand le vent était favorable.

DILIGENCES POUR PARIS EN 1790

Le bureau général des diligences et coches de Lyon pour Paris, par les routes de Bourgogne et du Bourbonnais, était situé au Port-Neuville.

Les diligences d'eau de Lyon à Châlon partent régulièrement cinq fois par semaine. Les dimanche, lundi, mercredi, jeudi, vendredi à 5 heures du matin et arrivent en deux jours à Châlon.

De Châlon, il part une diligence pour Paris, à huit places, qui fait la route en trois jours.

Lorsque la Saône n'est pas navigable, les diligences partent directement de Lyon.

CARROSSES POUR PARIS PAR LE BOURBONNAIS

Les carrosses de Lyon pour Paris, par le Bourbonnais, partent régulièrement le jeudi de chaque semaine et font la route en dix jours (on couchait en route probablement).

Ces mêmes carrosses correspondent avec celui de Roanne pour Clermont.

DILIGENCES DE LYON A AVIGNON, MARSEILLE, NÎMES ET LE LANGUEDOC EN 1790

Les carrosses partent de Lyon deux fois la semaine, mercredi et samedi à 4 heures du matin, et mettent quatre jours et demi de Lyon à Avignon.

Les hardes des voyageurs ainsi que les marchandises doivent être portées au bureau la veille du départ avant 5 heures du soir.

Le lendemain de leur arrivée d'autres carrosses partent d'Avignon pour Marseille, Montpellier et Toulouse.

De cette façon, les personnes et les marchandises sont rendues à Marseille et à Montpellier le septième jour, sauf les retards causés par des cas extraordinaires, comme les rivières débordantes, etc.

Les dits carrosses ont quatre places, on n'a rien épargné pour qu'ils soient propres et commodes, on les a suspendus en berline pour qu'ils soient excessivement doux.

Il y avait aussi des coches sur le bas Rhône.

Les diligences d'eau, à la descente, vont en deux jours en été et deux jours et demi en hiver de Lyon à Avignon, à moins de temps contraire.

Les hardes des voyageurs doivent être portées la veille.

COCHES D'EAU SUR LE HAUT RHÔNE DE LYON A SEYSSEL EN 1790

Un coche part tous les lundis et met sept jours de Lyon à Seyssel, on embarque les voyageurs dans une chambre particulière.

On charge, par ce coche, des marchandises pour la Savoie, la Suisse et l'Allemagne.

CARROSSES POUR GENÈVE EN 1790

Les carrosses partent de Lyon le vendredi à 4 heures du matin, font la route en trois jours quand il fait beau, par Montluel, Meximieux, Saint-Jean-le-Vieux, Nantua et Châtillon-de-Michaille, Collonge et Saint-Genis.

Ils repartent de Genève le mardi.

MESSAGERIES GÉNÉRALES DU COMTÉ DE BOURGOGNE EN 1790

Le fermier des carrosses et messageries du comté de Bourgogne et des routes de Lyon à Strasbourg, passant par Besançon, a des carrosses pour conduire les voyageurs et les marchandises.

Les carrosses de Lyon partent les mardi et samedi, et se rendent en dix jours à Strasbourg et cinq jours à Besançon quand le temps le permet.

Outre les carrosses, il a des chaises de poste qu'il fournira tous les jours de la semaine en avertissant une demi-journée d'avance.

MESSAGERIES ROYALES DU FOREZ EN 1790

Carrosses de Lyon à Saint-Étienne, trois fois par semaine, six places.

Carrosses de Lyon au Puy, une fois par semaine.

Carrosses de Lyon à Roanne, une fois par semaine.

SERVICE DES POSTES

EN 1810

Bureau général des postes, rue Saint-Dominique, directeur, M. Monicault.

Pour Paris, par le Bourbonnais, Limoges et Bordeaux, les départs ont lieu les dimanche, mardi, jeudi et samedi.

Pour Paris, par la Bourgogne, les lundi, mercredi, vendredi.

Pour Grenoble, Gap, Turin, Milan, tous les jours.

Pour Marseille et route, tous les jours.

Pour Nîmes et Montpellier, tous les jours excepté le jeudi.

Pour Narbonne et Toulouse, dimanche, mardi et vendredi.

Pour Strasbourg, Bâle, Allemagne, lundi, mercredi, vendredi.

Pour Rome, Naples et la Sicile, lundi et vendredi.

Pour l'Espagne et le Portugal, dimanche, mardi, vendredi.

Dans les quatre boîtes de la place Saint-Jean, de la rue des Augustins, du corridor de la Comédie et de la place de la Fromagerie, la levée des lettres se fait une fois par jour, à 11 heures du matin.

Dans celle de la rue Saint-Dominique, à une heure du soir.

La lettre simple était taxée à 30 cent. pour 100 kilomètres, 40 cent. pour 200 kilomètres, 50 cent. pour 300 kilomètres, 60 cent. pour 400 kilomètres, 70 cent. pour 500 kilomètres, etc.

On payait ce prix-là pour Paris encore en 1840, etc., avec augmentation pour le poids et la distance.

Le public était prévenu que l'on ne pouvait recevoir aucune lettre pour l'Angleterre ou pour les pays occupés par les Anglais (par suite du blocus continental).

SERVICE DES DILIGENCES

EN 1810

ENTREPRISE DES MESSAGERIES

A Paris, rue Notre-Dame-des-Victoires,

A Lyon, quai Saint-Benoît.

Il part tous les jours de Lyon et de Paris une diligence à six places d'intérieur et deux de cabriolet passant par la Bourgogne et faisant le trajet en cent heures.

A Lyon, de la place des Terreaux, maison Antonio, côté des cafés.

Il part tous les jours de Lyon et de Paris une diligence à six places d'intérieur et deux de cabriolet passant par le Bourbonnais, faisant le trajet en cent heures.

Le trajet de Lyon à Châlon-sur-Saône et retour se fait également tous les jours dans une diligence d'eau très propre, dans laquelle les voyageurs pour Paris ont leur chambre particulière : sauf le cas où la navigation de la Saône est interrompue.

ÉTABLISSEMENT DE MM. GAILLARD FRÈRES EN 1810

Quai Saint-Clair, maison basse des coches (aujourd'hui n° 11).

Les voitures qui partent de cet établissement desservent la route de Lyon à Genève, le trajet se fait en vingt-quatre ou vingt-six heures.

Les départs ont lieu régulièrement de deux jours l'un.

Voitures à huit places (comme pour Paris probablement).

Messieurs Gaillard frères ont aussi une voiture pour Strasbourg qui part tous les deux jours ; avec correspondance sur toute la ligne.

MM. Allard et Cie ont des voitures de Lyon à Genève, qui font le même service en concurrence aussi de deux jours l'un (cette entreprise n'a pas duré longtemps).

ENTREPRISE DES COCHES DU BAS RHÔNE
ET MESSAGERIES DU MIDI, DE MM. RICHARD, GALLINE ET Cⁱᵉ
EN 1810
Quai Saint-Antoine.

La messagerie part tous les jours à minuit pendant neuf mois de l'année et à 5 heures du matin pendant les trois mois d'hiver.

Fait le trajet en deux jours en été et trois jours en hiver jusqu'à Avignon et quatre jours jusqu'à Marseille.

Six places dans l'intérieur et deux au cabriolet.

COCHES DU BAS RHÔNE EN 1810

Ils partent les lundi, mercredi et vendredi au point du jour, font le trajet de Lyon à Avignon en deux ou trois jours.

On y embarque les voitures et chevaux des voyageurs et les marchandises; en temps de foire, ils vont jusqu'à Beaucaire.

ENTREPRISE DESCOURS ET RÉCAMIER EN 1810
Place des Célestins.

Il part tous les jours de Lyon, à 7 heures du matin une voiture qui arive à Saint-Etienne à 5 heures du soir.

Tous les jours il en part une autre de Saint-Etienne pour Montbrison et tous les deux jours une autre pour le Puy.

AMÉLIORATION ET TRANSFORMATION

DU SERVICE, DE 1830 A 1852

Sous la Restauration, les routes furent améliorées ; cependant en 1830 les choses avaient peu changé ; il y avait cependant quelques progrès.

Les routes étant meilleures on avait fait des voitures plus grandes ; les deux diligences qui partaient tous les jours pour Paris pouvaient contenir dix-huit voyageurs chacune, trois dans le coupé, six dans l'intérieur, six dans la rotonde et trois sur l'impériale.

Le trajet se faisait assez régulièrement en trois jours et trois nuits dans la belle saison de Lyon à Paris.

Pour Genève on ne mettait plus que dix-huit heures.

Pendant plus de vingt ans les choses restèrent à peu près dans cet état.

L'invention des bateaux à vapeur apporta cependant une amélioration dans le trajet de Lyon à Châlon et dans celui de Lyon à Avignon à la descente seulement.

C'est en 1852 que l'ouverture complète du chemin de Paris à Lyon transforma radicalement les moyens de communication entre ces deux villes.

Pour Marseille, ce fut en 1857 et pour Genève en 1858.

Il faut avoir fait le voyage de Paris dans les anciennes diligences pour comprendre les avantages des chemins de fer. Il est impossible d'expliquer à ceux qui ne l'ont pas éprouvé, le supplice de rester trois jours et trois nuits et quelquefois quatre, dans une espèce de boîte ou l'on était condamné à une immobilité complète, d'où l'on ne pouvait sortir que deux fois par jour, pour le déjeuner et le dîner, côte à côte avec des voyageurs inconnus, quelquefois aimables, il est vrai, mais le plus souvent le contraire, ou du moins indifférents.

Combien de fois m'est-il a.rivé de n'avoir pas de place ailleurs que dans la rotonde particulièrement fréquentée par les nourrices; je ne peux pas dire combien j'ai souffert dans mon voyage de Marseille à Lyon, en 1835, où nous étouffions, suffoqués par la chaleur et la poussière.

Les personnes qui pouvaient se le permettre avaient la malle de poste qui abrégeait le voyage de moitié et coûtait le double. Par la malle, on partait de Lyon à une heure du soir et l'on arrivait à Paris le surlendemain matin.

A l'époque où j'allais aux Écoles, je partais seul, je savais d'avance le jour de mon départ, je pouvais presque toujours prendre la malle, j'ai fait ainsi plus de vingt fois le trajet de Lyon à Paris ou de Paris à Lyon.

C'était relativement une manière agréable de voyager à cause de la rapidité de la marche, la commodité des voitures et la société qu'on y rencontrait.

Mais de toutes les manières de voyager, la seule alors qui fût agréable et véritablement commode, c'était la chaise de poste ou plutôt la grande berline ou la grande calèche conduite à quatre chevaux avec deux postillons et avant-courrier, comme voyageaient autrefois les princes et le conseil d'administration du chemin de fer de Genève, lorsqu'il venait inspecter les travaux de ses ingénieurs.

C'était une manière de voyager bien préférable au train ordinaire des chemins de fer. Il n'y a que les trains de luxe, où l'on a toutes ses aises, qui puissent les remplacer avec avantage.

Espérons pour les futures générations que, peu à peu, ce qu'on appelle aujourd'hui des trains de luxe finiront par devenir les trains ordinaires ; de cette manière, on évitera beaucoup des inconvénients des voyages actuels où les voyageurs sont traités un peu trop comme sur les anciens bateaux à vapeur du Rhône, où ils étaient classés dans la catégorie des colis qui se transbordaient tous seuls et qui avaient ainsi l'avantage de ne pas être sujets aux avaries dont l'Administration était responsable.

TABLEAU RÉSUMÉ COMPARATIF

à différentes époques,

DES MOYENS DE TRANSPORT POUR LES VOYAGEURS DANS LA DIRECTION
DE LYON A PARIS, MARSEILLE ET GENÈVE,
SOUS LES RAPPORTS DE LA FRÉQUENCE DES DÉPARTS,
DU NOMBRE DE PLACES OFFERTES AU PUBLIC
ET DE LA DURÉE DES VOYAGES PAR LES DILIGENCES ET LES CHEMINS
DE FER.

LYON A PARIS ET ROUTE

	1790	1810	1850	1888
Départs et arrivées. . . .	6 jours par semaine (1 départ).	Tous les jours (1 départ).	Tous les jours (2 départs).	12 trains par jour dans chaque sens.
Nombre moyen de places par jour dans chaque sens. . .	7 places.	16 places.	44 places.	Plus de 4,000.
Durée minima du voyage. .	7 jours. ou 175 heures	4 jours. ou 100 heures.	3 jours. ou 75 heures.	8 à 16 heures.

LYON A MARSEILLE ET ROUTE

	1790	1810	1850	1888
Départs et arrivées. . . .	2 jours par semaine (1 départ).	Tous les jours (1 départ).	Tous les jours (1 départ).	10 trains par jour dans chaque sens.
Nombre moyen de places par jour dans chaque sens. . .	2 places.	8 places.	22 places.	Plus de 3,000.
Durée minima du voyage.	7 jours. ou 175 heures.	4 jours. ou 100 heures.	3 jours. ou 75 heures.	6 à 11 heures.

LYON A GENÈVE ET ROUTE

	1790	1810	1850	1888
Départs et arrivées. . . .	2 fois par semaine (1 départ).	Tous les deux jours (1 départ).	Tous les jours (1 départ).	7 trains par jours dans chaque sens.
Nombre moyen de places par jour dans chaque sens. . .	2 places.	4 places.	16 places.	Plus de 2,000.
Durée minima du voyage.	3 jours. ou 75 heures.	26 heures.	18 heures.	4 à 5 heures.

NOTES SUR LE TABLEAU PRÉCÉDENT

En 1790, on ne voyageait pas la nuit, on couchait dans les auberges et l'on partait de très grand matin.

En 1790, 1810 et 1850, on compte les voitures de Paris par la Bourgogne et le Bourbonnais.

En 1888, pour la direction de Paris on ne compte que les voyageurs par la Bourgogne.

On n'a pas tenu compte des voyageurs par les coches du Rhône et de la Saône avant les bateaux à vapeur ; non plus que des voyageurs par bateaux à vapeur entre Lyon, Avignon et Châlon, de 1830 à 1850.

EPILOGUE

Au moment où je termine ces récits, 2 mai 1888, je viens de faire avec mon fils le voyage de Paris, de la manière la plus commode qui ait été appliquée en France jusqu'à présent.

Partis de Lyon à 2 heures et demie du soir, nous sommes arrivés à Paris avant minuit.

Si l'on supprimait l'arrêt pour le dîner au buffet de Tonnerre ; on pourrait faire le trajet en huit heures.

Nous étions dans un très confortable salon, en communication avec un wagon restaurant, un fumoir et des cabinets de toilette et autres.

Il n'y a probablement que moi à Lyon et peut-être en France, qui puisse à soixante-treize ans de distance, faire par expérience la comparaison de cette manière de voyager avec celle de 1815.

Quelles que soient les améliorations futures qui pourront être apportées dans les moyens de communication, on peut dire, je crois, sans crainte de se tromper, que l'on ne verra jamais de changements aussi radicaux que ceux dont je suis aujourd'hui peut-être le seul témoin.

Lyon, 2 mai 1888.

L'Inspecteur général honoraire des Ponts et Chaussées,

Théodore AYNARD.